数字で読みとく！
富山市のコンパクトシティ戦略

公共交通が人とまちを元気にする

松中亮治 編著

大庭哲治
後藤正明
鈴木義康
辻堂史子
鎌田佑太郎
土生健太郎 著

学芸出版社

はじめに

　現在、過度なクルマ依存型社会から脱却し、安全で人と環境にやさしい公共交通や歩行者・自転車などを中心とした持続可能なまちづくりを進めることが世界的な潮流になっていると言っても過言ではない。増大する自動車交通に対応した20世紀後半の需要追随型の政策から、人と公共交通を中心に考えた、魅力と賑わいのある都市を目指す新しい方向へと現在の都市・交通政策は大きく転換しているのである。

　LRT（Light Rail Transit）と呼ばれる低床の次世代型路面電車の導入、コミュニティサイクルや自転車道ネットワークの急速な拡充、都市中心部における歩行者空間整備など、特に、海外の諸都市において、安全・安心であり、また、環境にもやさしい公共交通や歩行者・自転車などを中心としたまちづくりが急速に進められている。自動車に対する、まちづくりにおけるこうした公共交通の優位性は、公共交通の有する特筆すべき素晴らしい特徴の一つであるといえる。

　しかし、公共交通は安全・安心で環境にやさしいだけの交通手段ではない。人々の「健康」を増進し、まちに「賑わい」をもたらし、人とまちを元気にする、そういったポテンシャルを公共交通は持っているのである。人と環境に優しく、そして、人とまちを元気にする、公共交通がそういった都市交通システムであるならば、現在の都市と都市に住む住民にとって、公共交通は人々を幸せにする必要不可欠かつ非常に重要な都市インフラということになる。しかし、

　「本当にそのようなポテンシャルが公共交通にあるのだろうか？」

　あるいは、

「どうしてそのような力が公共交通にあるのだろうか？」

と疑問に思われる方も多くおられるであろう。

本書は、こうした疑問に答え、公共交通が持っている人とまちを元気にする力の大きさを実証的かつ定量的に明らかにし、まちづくりにおける公共交通の役割について、公正にご理解いただきたいという筆者らの強い思いから執筆したものである。

本書では、公共交通を軸とした歩いて暮らせるコンパクトなまちづくりを推進している富山市において、高齢者を対象に、実際の交通行動や外出行動を、筆者らが開発した専用の携帯端末を用いて詳細に調査するとともに、調査にご協力頂いた方々から同意を得た上で、医療保険データや公共交通の利用履歴を取得し、統計的に分析することによって、公共交通が人やまちを元気にすることを定量的に明らかにしている。

具体的には、1章では、なぜ、公共交通が高齢者やまちを元気にする力を持っているのかについて筆者らの考えを述べるとともに、本書の分析において対象とした富山市のコンパクトなまちづくり施策について、その概要を整理している。続く2章では、高齢者の実際の交通行動を把握するために用いた高齢者健康増進端末「おでかけっち」の開発経緯、端末の機能やシステム、デザイン等の検討プロセスについて述べるとともに、開発した端末を用いて実施した調査の概要について述べている。また、2章の最後では、筆者らが調査で得たデータをどなたでも使っていただけるように公開したオープンデータ化の取り組みについても紹介している。そして、3章では、高齢者の実際の外出行動ならびに日常生活における歩数を分析し、「公共交通を使うと人は本当にたくさん歩くのか？また、どれくらいたくさん歩くのか？」を実証的かつ定量的に明らかにしている。さらに、4章では、公共交通利用促進施策によって、「高齢者の医療費がどのくらい抑制されるのか？」について、高齢者の実際の医療保険データを用いて計測し、医療費抑制効果を定量的に明らかにしている。そして、5章では、中心市街地に来訪された方々の回遊行動を調査・分析し、公共交通による来街者と自動車による来街者の中心市街地来街時の消費金額の違いを明らか

にしている。

　是非、本編をお読みいただき、公共交通の持つまちづくりにおける可能性について、ご理解を深めていただきたいと考えている。また、とにかく、まず、結果が知りたいという方は3章から読んでいただいても理解できる構成となるよう配慮してあるので、こちらから先に読み始めていただいても結構である。いずれにせよ、人々とまちを元気にする公共交通を中心としたまちづくりの進展に、本書が少しでも貢献できるのであれば、筆者らの望外の喜びである。

　最後に、本書の刊行にあたって、学芸出版社の岩崎健一郎氏には、企画の段階から仕上げに至るまで、終始適切なアドバイスをいただいた。記して感謝の意を表する次第である。

公共交通を利用する高齢者（富山地方鉄道 富山港線）

目次

「公共交通は健康にいい」 は本当か?

1.1 なぜ公共交通が人とまちを元気にするのか？

「富山市」と聞いて皆さんは何を思い浮かべるだろうか？ 「ぶり」、「ほたるいか」、「ますのすし」といった食べ物、あるいは、立山連峰の美しい山並みだろうか。

少し、都市計画・交通計画に関わったことがある方ならば、恐らく、「コンパクトシティ」「団子と串のまちづくり」、「LRT（Light Rail Transit、次世代型路面電車）」といったことばやフレーズを思い浮かべられるのではないだろうか。そうなのである。富山市は、コンパクトシティ政策における日本のフロントランナーと言っても過言ではないまちなのである。

2012年、OECD（経済協力開発機構）のコンパクトシティ政策に関するレポート[1]において、富山市をはじめとして、メルボルン、バンクーバー、パリ、ポートランドといった地理的な特性や人口規模の異なる世界の5つの都市が、コンパクトシティ先進都市として選定されており、富山市はコンパクトシティとして世界的にも注目されている都市の一つなのである。

それでは、なぜ。富山市は今コンパクトシティ政策に取り組んでいるのだろうか？

「人口減少と超高齢化」「平均寿命と健康寿命の乖離」「過度な自動車依存によるCO_2排出量の増大や公共交通の衰退」「中心市街地の魅力喪失」「割高な都市管理の行政コスト」といったことが、現在、富山市においても解決すべき課題として挙げられている[2]。

しかし、これらの課題は富山市だけに限ったものではなく、わが国の地方都市に共通する課題であるといえよう。1960年代以降の高度経済成長期における急速なモータリゼーションの進展に伴い、わが国の都市は市街地が外縁化するとともに市街地密度が低下し、いわゆる低密度拡散型都市が形成されていった。実際、図1.1に示すように、1960年から1990年頃までの間、わが国においては、DID（人口集中地区*）[3]の面積は大幅に増加する一方、DID内の人口密度は大きく低下しており、都市が拡散してきた状

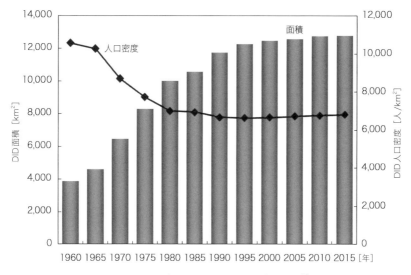

図1.1　DID面積ならびにDID人口密度の推移[3)]

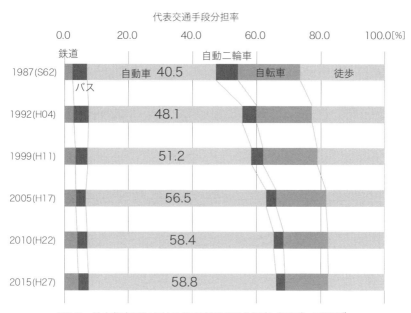

図1.2　地方都市圏における代表交通手段分担率（平日）の推移[4)]

況をみてとることができる。また、図1.2に示すように、地方都市圏における自動車分担率は、約30年の間に約1.5倍増加しており、自動車への依存度が大きく上昇していることがわかる。こうした自動車への過度な依存は、必要以上に環境負荷を増大させ、また、人口減少と高齢化が進むなかで、自動車だけに頼っていたのでは、市民、特に高齢者のモビリティを確保することが非常に困難となる。さらには、社会インフラの効率性低下、道路混雑、都市中心部の活力低下などといったことも、自動車に依存した低密度拡散型都市が抱える非常に大きな問題として指摘されている。このような危機感は多くの地方都市において共有されているのではないだろうか。こうした課題の解決においては、公共交通が果たす役割は非常に重要であるが、自動車から公共交通への転換は容易ではなく、公共交通の利用を促進しまちを活性化するためにはどうしたらいいのだろうかと日々頭を悩ませている自治体の担当者の方も多いのではないだろうか。

　そうしたなか、まちづくりにおいて、公共交通が果たす役割として、単なる移動手段の確保だけではなく、本書のテーマでもある公共交通利用による「健康増進効果」に関心が集まっている。

　それでは、なぜ公共交通が人を元気にするのだろうか？

　家の車庫から自動車で出掛ける時はほとんど歩かないし、外出先でも目的地に設置された、あるいは、最寄りの駐車場に車を停めて目的地まで歩くだけで、用事が済めばそのまま家に帰るというように、自動車での外出は、外出してもほとんど歩かない場合が多くみられる。一方、公共交通を使って外出する場合、家から最寄りの駅あるいはバス停までは歩くことになるし、外出先でも最寄りの駅あるいはバス停から目的地まで歩くことになる（詳細は3章で）。また、公共交通では乗り換えが必要な場合もあり、乗り換えの際も歩くことになる。そして、外出先でも、自動車で来る場合と比較して、訪問先が多くなる傾向もある（詳細は5章で）。このように、自動車による外出と比較して公共交通を使った外出は歩数が多くなり、日常生活における身体活動量を増加させることになるのである。

また、日常生活における身体活動は、がん、心血管系疾患、糖尿病等の生活習慣病の予防に効果があり、健康維持に極めて重要であることが明らかにされており[5]、2013年に告示された健康日本21（第二次）[6] では、男性は7,000歩、女性は6,000歩といった65歳以上の高齢者についての1日あたりの歩数の目標値も定められている。

　以上のように、日常生活において公共交通を使って外出することによってたくさん歩くようになり、日々の身体活動量が増え、健康増進に繋がると考えられる。国土交通省においても、公共交通の利用環境を向上させ、「自動車」に必ずしも依存することなく、「歩く」ことを基本とした日常生活が送れる都市構造へと転換するコンパクトシティ政策の「健康増進」面における効果を見える化（評価）することによって、より効果的なコンパクトシティの取組が推進されることを目指し、「まちづくりにおける健康増進効果を把握するための 歩行量（歩数）調査のガイドライン」を策定している[7]。このように、近年では、公共交通の利用促進が健康増進効果をもたらし、平均寿命と健康寿命の乖離を軽減する効果も期待されるようになってきているのである。

　さらに、公共交通は人を元気にするだけでなく、まちを元気にする力も持っているのである。なぜ、公共交通がまちを元気にするのであろうか？

　先程も述べたように、公共交通を使って外出すると、自動車を使った外出のときのように、駐車料金を気にすることなく、目的地から最寄りの駅やバス停に行く間に、他の場所にふらっと立ち寄ることができ、外出先において、自動車で外出する場合と比較して、訪問先が多くなる傾向がある。それに従って、外出先での滞在時間が長くなり、消費金額も多くなる傾向もみられる（詳細は5章で）。多くの人々が公共交通で外出するようになると、外出先であるまちのなかが賑わい、街のなかの商業施設や飲食店などでの消費金額が多くなり、まちを元気づけるのである。

　以上のことから、公共交通は人とまちを元気にする力を持っていると考えられる。本書では、3章における高齢者の日常生活における歩数に関す

る分析、4章における医療費抑制効果に関する分析、ならびに、5章における中心市街地における回遊行動に関する分析から、実際に公共交通が持つこうした力を定量的に明らかにしていくことにする。

1.2　富山市におけるコンパクトなまちづくり

　富山市では、こうしたまちづくりにおける公共交通の重要性を早くから認識し、先述のような数々の課題を解決するために、過度な自動車依存から脱却し、自動車と比較して環境負荷の小さい鉄軌道をはじめとする公共交通を活性化させ、その沿線に居住、商業、業務、文化等の都市の諸機能を集積させることにより、公共交通を軸とした拠点集中型のコンパクトなまちをつくることを基本方針として、まちづくりの取組を進めてきている。

　この基本方針の概念を端的に現したのが図1.3に示す「お団子と串の都市構造」である。ここで、串とは一定水準以上のサービスレベルの公共交通、お団子とは串で結ばれた徒歩圏を意味している。一定水準以上のサービスレベルの鉄軌道やバスなどの公共交通で、都心や地域の生活拠点など沿線の徒歩圏を結び、その徒歩圏に居住や商業、業務、文化等の都市機能を集積させるクラスター型の都市構造が富山市の目指しているコンパクトなまちなのである。

　そして、このコンパクトなまちを実現するために掲げられているのが、「公共交通の活性化」「都心地区・公共交通沿線地区への居住推進」「中心市街地の活性化」の3本柱である。この3本柱について、富山市において実施されている施策を順にみていくことにしよう。

①公共交通の活性化

　富山市において、公共交通の活性化として、最初に取り組まれたのが富山港線路面電車化事業（富山ライトレール）である。公設民営の考え方を取り入れ、JR西日本が運営していた旧富山港線 岩瀬浜−奥田中学校前間6.5kmを引き継ぎ、奥田中学校前−富山駅北間1.1kmの軌道線を新設し、

路線延長7.6km、駅数13の路線として2006年4月29日に開業した（図1.4、写真1.1）。JR西日本が運営していた旧富山港線は一日に約40本の列車が運行されていたが、富山ライトレールの開業に伴い、その運行本数は3倍以上の一日約130本に増便され、また、高齢者などにも乗り降りしやすい、100%低床型の車両が導入されるなど、その利便性は飛躍的に向上した。

　その結果、平日の1日あたりの利用者数は、開業前（2005年）の2,266人から、開業後（2006年）には4,893人に増加し、その後は約4,800人前後で

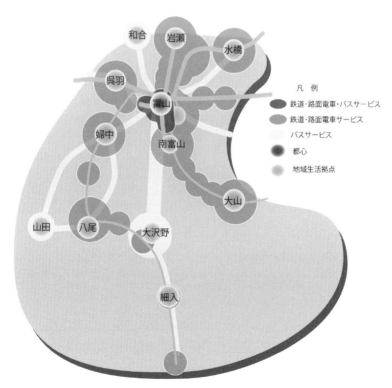

凡　例

鉄道・路面電車・バスサービス
鉄道・路面電車サービス
バスサービス
都心
地域生活拠点

図1.3　富山市が目指すお団子と串の都市構造[8]

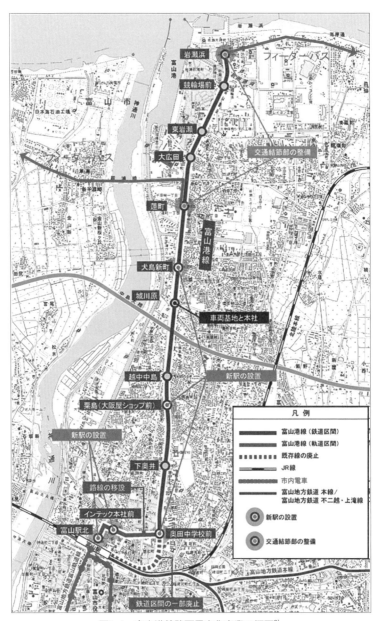

図1.4　富山港線路面電車化事業の概要[9]

写真1.1　富山ライトレール

推移している。また、休日については、開業前の1,045人から、開業直後の2006年は4,917人に増加したが、開業3年目以降は約3,300人前後で推移しており、平日で約2.1倍、休日については約3.3倍と大幅に利用者が増加している。最も利用が多いのは通勤通学時間帯の7〜9時や17〜19時となっているが、9時〜17時までの日中の利用者数が開業後大きく増加していることも大幅に利用者数が増加した要因の一つである[10]。なお、2020年2月22日に富山ライトレールは、市内電車を運営している富山地方鉄道と合併し、現在は、富山港線として富山地方鉄道によって運営されている。

　続いて、実施されたのが市内電車環状化事業である。中心市街地の活性化、回遊性の向上を目的として、丸の内–大手モール–西町間約0.9kmの軌道線を新設し、既存の市内電車（路面電車）と合わせて、富山駅周辺地区と商業の中心である総曲輪、中央通り、平和通りを結ぶ一周約3.4kmの環状

線として、2009年12月23日に開業した（図1.5、写真1.2）。この市内電車環状化事業では、公設民営の考え方に基づき、富山市が「軌道整備事業者」として、軌道を整備するとともに車両を購入し、民間交通事業者である富山地方鉄道が「軌道運送事業者」として、車両の運行を行う、路面電車事業では全国初の上下分離方式が導入され、整備が進められたのである。

　環状線の開業により、既存系統も含む市内電車の利用者数が、開業前の2009年と開業後の2014年のデータで比較すると、平日で約27％、休日で約37％とともに大幅に増加しており、富山駅前−中心商業地区（総曲輪・中央通り・西町）間の利用者数も平日で約41％、休日で約29％と、こちらもともに増加していることが報告されている[11]。

　そして、2015年3月14日の北陸新幹線の延伸開業に併せて、富山駅南口の駅前広場が整備されるとともに、市内電車が富山駅の高架下に乗り入れ、北陸新幹線、JR西日本が運営する高山本線、北陸新幹線開業に際しJR西日本から経営分離された富山県内の旧北陸本線を運営するあいの風とやま鉄道との乗換利便性が大幅に向上した（図1.6、写真1.3）。さらに、2020年3月21日には、富山駅の北側を走る富山ライトレールと南側を走る市内電車が接続され、乗り換えせずに富山駅の南北間の移動が可能となった（写真1.4）。併せて、歩行者が自由に富山駅の北と南を行き来できるよう南北自由通路が整備された（写真1.5）。この、路面電車の南北接続によって、富山市内の路面電車ネットワーク整備は一つの大きな節目を迎えたといえ、今後、駅周辺の人々の流れにどのような変化をもたらすのか注目されている。

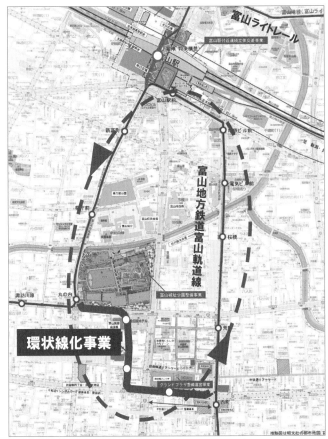

図1.5　市内電車環状化事業の概要[9]

写真1.2　新設区間を走るセントラム

図1.6　路面電車南北接続事業の概要[9]

写真1.3　富山駅南口広場と駅に乗り入れた市内電車

写真1.4　南北が接続された市内電車

写真1.5　2020年3月に供用された南北自由通路

②都心地区・公共交通沿線地区への居住推進

　富山市では、コンパクトなまちの実現に向け、「まちなか居住推進事業」、「公共交通沿線居住推進事業」の二つの居住誘導施策を実施している。

　まちなか居住推進事業では、富山市が中心市街地活性化基本計画で定めた都心地区約436ha（図1.7）への居住を推進するため、良質な住宅等を供給する事業者や、住宅の建築・購入、賃貸によって入居する市民に対する助成を実施している（表1.1）。

　その結果、図1.8に示すように、都心地区では、2008（平成20）年から転入超過に転じ、以降、転入超過の状態が継続しており、都心居住の流れが定着しつつある。

　また、公共交通沿線居住推進事業では、都市計画マスタープランで定めた公共交通沿線居住推進地区約3,440ha（図1.9）への居住を推進するため、良質な住宅等を供給する事業者や、住宅を建築・購入する市民に対する助成を実施している（表1.2）。公共交通沿線居住推進地区には、鉄軌道駅から半径500m以内の範囲、もしくは、運行頻度の高いバス路線のバス停から半径300m以内の範囲で、用途地域が定められている区域（工業地域及び工業専用地域を除く）が設定されている。図1.10に示すように公共交通沿線居住推進地区では、2006（平成18）年時点では、718人の転出超過の状態

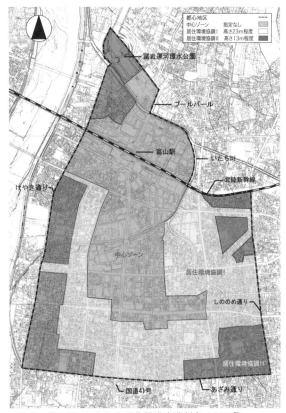

図1.7　まちなか居住推進事業対象エリア[9]

表1.1　まちなか居住推進事業における市民向け支援[11]

事業名	助成内容
まちなか住宅取得 支援事業	まちなかで一定水準以上の一戸建て住宅・分譲型共同住宅を取得する方に補助【50万円／戸】
まちなか住宅家賃 助成事業	まちなか以外から街中の賃貸住宅へ転居する世帯に家賃を補助【1万円／月（3年間）】
まちなか リフォーム 補助事業	まちなかの中古住宅を取得して自ら居住するためにリフォームする方や，現に居住しているまちなかの住宅を世帯員増加のためにリフォームする方に補助【30万円／戸】
マルチ ハビテーション 推進事業	県外在住者で，マルチハビテーション（二地域居住）のためにまちなかで住宅を取得した方に補助【25万円／戸，市内居住の高齢者親族がいる場合に上乗せ10万円／戸】
街づくり計画策定 支援事業	計画アドバイザーの派遣，計画策定に要する費用の一部を補助することにより，地元住民が主体となるまちづくり計画の策定を支援【100万円／件（5年間累計）】

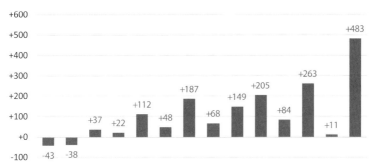

図1.8　都心地区の社会動態（転入−転出）の推移[11]

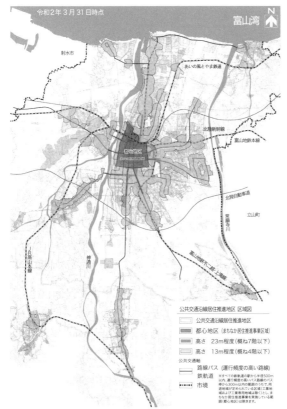

図1.9　公共交通沿線居住推進事業対象エリア（2020年3月31日時点）[11]

表1.2　公共交通沿線居住推進事業における市民向け支援[9]

事業名	助成内容
公共交通沿線 住宅取得支援事業	公共交通沿線居住推進地区で一定水準以上の一戸建て住宅・分譲型共同住宅を取得する方に補助【30万円／戸】 区域外からの転居の場合は上乗せ補助【10万円／戸】 高齢者と同居する世帯等の場合は上乗せ補助【10万円／戸】
公共交通沿線 リフォーム 補助事業	公共交通沿線居住推進地区以外から中古住宅を取得して自ら居住するためにリフォームする方や，現に居住している公共交通沿線居住推進地区内の住宅を世帯員増加のためにリフォームする方に補助【30万円／戸】
ひとり親家庭等 家賃助成事業	ひとり親家庭等が，公共交通沿線居住推進地区の賃貸住宅へ転居（まちなか・公共交通沿線居住推進地区からの転居は除く）される世帯に家賃を補助【1万円／月（3年間）】

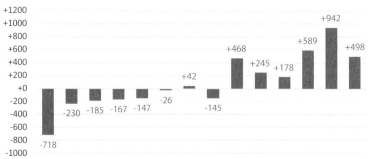

図1.10　公共交通沿線居住推進地区の社会動態（転入−転出）の推移[11]

であったが、2014（平成26）年以降は、連続して転入超過の状態が続いており、徐々に居住誘導の効果が現れつつある。

③中心市街地の活性化

　富山市においては、2007年から現在まで、三期にわたり中心市街地活性化基本計画が策定されており、第一期の基本計画においては、「コンパクトなまちづくりにおける拠点づくりを、最も都市機能が集積した徒歩圏域である中心市街地においてまず行う」との戦略のもと「公共交通の利便性の向上」、「賑わい拠点の創出」、「まちなか居住の推進」の三つが目標として掲げられていた。最新の第三期の基本計画では、「公共投資を呼び水に、民

間の投資意欲を促す。市民が主役となる体制や仕組みづくりを構築する」との戦略のもと、「公共交通や自転車・徒歩の利便性の向上」、「富山らしさの発信と人の交流による賑わいの創出」、「質の高いライフスタイルの実現」の三つが目標として掲げられるようになった[12]。

　こうした目標を達成するために。富山駅南口駅前広場の整備、中心商業地区における商業施設「大和富山店」や「総曲輪フェリオ」、賑わい広場である「グランドプラザ」（写真1.6）、ガラス美術館や市立図書館本館が入る複合施設「TOYAMAキラリ」（写真1.7）、シネマコンプレックス等の複合施設「ユウタウン総曲輪」（写真1.8）の整備などが進められ、まちなかに新たな賑わい拠点が誕生するとともに、まちなかの主要移動手段である路面電車市内線の環状線化などにより、まちなかへの集客の基盤は整いつつあるといえる。

写真1.6　グランドプラザ

写真1.7　TOYAMAキラリ

写真1.8　ユウタウン総曲輪

表1.3　おでかけ定期券利用時の運賃[13]

公共交通機関	9時以前（降りる時間）	9時〜17時（降りる時間）	17時以降（降りる時間）
地鉄路線バス	通常運賃の10%割引	おでかけバス ①市内バス停⇔中心市街地の指定バス停（19停留所）②市内バス停⇔市民病院のバス停（3停留所）100円	通常運賃の10%割引
地鉄電車	通常運賃の10%割引	おでかけ電車 ①市内各駅⇔電鉄富山駅 ②市内各駅⇔南富山駅 100円	通常運賃の10%割引
市内電車・富山港線・環状線	180円	おでかけ市内電車 100円	180円
フィーダーバス	180円	100円	180円
まいどはやバス	100円（通常運賃）		

さらに、富山市では、公共交通の利用促進による中心市街地への来街者の増加を図るとともに、高齢者の外出機会を増進することにより、中心市街地の活性化に寄与することを目的として、満65歳以上の高齢者を対象に、9:00～17:00の間に中心市街地に来街する際に市内のどこからでも公共交通機関の運賃を100円に割り引く「おでかけ定期券」を民間交通事業者と協同で発行している（表1.3）。おでかけ定期券はICカード方式であり、改札口や乗降時に読み取り機に当てるだけで、自動的に割引された運賃が精算されるようになっている。おでかけ定期券を発行する際には利用者負担金が年間1,000円必要となっているが、現在、富山市在住の高齢者の約1/4（約2万5,000人）が所有しており、1日平均約2,750人の高齢者に利用されている[9]。なお、おでかけ定期券は、定期券を提示することによって、中心市街地にある約70の協賛店での商品の割引、約30の市の体育施設や文化施設を半額（一部無料）で利用できるなど様々な優待サービスが用意されている（図1.11）。高齢者の中には、公共交通運賃の割引ではなく、こうしたサービスを目当てにおでかけ定期券を持たれている方もおられるようである。

　そして、2017年10月からは、市内電車環状化事業において新たに軌道線が新設された区間の一部である大手モールにおいて、トランジットモール化の社会実験が定期的に実施されている。雑貨・飲食などが出店されるまちなかマーケット「越中大手市場」のほか、毎回さまざまなイベントが開催され多くの人々で賑わっている（写真1.9）。

　その他にも、2010年3月からCO_2排出量を削減するための取組みの一つとして、自動車だけに頼らないライフスタイルへの転換を目指し、中心市街地における自転車市民共同利用システム（アヴィレ）が導入されている。中心市街地を中心に、現在23ヶ所のステーションが設置され、220台の自転車が配置されている（図1.12、写真1.10）。24時間365日どのステーションからでも乗り降りでき、中心市街地での移動が非常に便利になり、中心市街地の活性化に寄与している。

図1.11　おでかけ定期券のさまざまな特典[13]

　こうしたコンパクトなまちを実現するための施策のうち、富山市が高齢者向けに実施している「おでかけ定期券」事業を対象に、その健康増進効果を計測することを一つの大きな目的として、2015年4月に、筆者らは、「高齢化社会における交通と健康モニタリングシステムの研究開発コンソーシアム（Toyama IT System for Transport and Health：TITH）」を立ち上げた。

　本コンソーシアムでは、交通行動とその健康増進効果の関係を調査・分析するために、GPSによる位置情報取得機能を備えた高齢者用の軽量小型の端末機「おでかけっち」を開発・製作した上で、製作した端末を用いた

調査を実施することによって、高齢者の1日の回遊行動、歩数等を測定し、実際の医療費データを用いておでかけ定期券による健康増進効果を計測し、本当に「公共交通は健康にいい」のかどうかを定量的に明らかにした。さらに、開発した端末機を用いて中心市街地来街者の回遊行動や来街交通手段について調査・分析することによって、公共交通の利用が中心市街地に賑わいをもたらす効果についても定量的に明らかにしたのである。

　次章以降では、本コンソーシアムにおいて開発・製作した端末機について説明した上で、公共交通がいかに人とまちを元気にしているのか、端末機を用いた調査・分析によって明らかになった公共交通がもたらす健康増進や中心市街地の活性化といった効果について順を追ってみていくことにしよう。

写真1.9　大手モールのトランジットモール社会実験

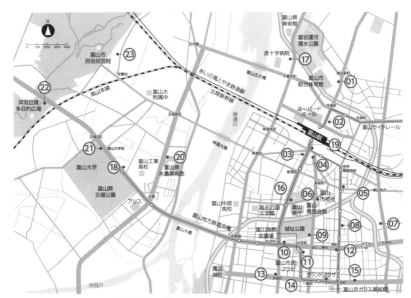

図1.12 自転車市民共同利用システム ステーションマップ[14]

写真1.10 自転車市民共同利用システム アヴィレ

参考文献

1) OECD, *Compact City Policies; A COMPARATIVE ASSESSMENT*, June 13, 2012.
2) 京田憲明「コンパクトシティ戦略による富山型都市経営の構築」『サービソロジー』2巻1号 pp.26-33、2015.4
3) 総務省統計局「統計で見る日本」(https://www.e-stat.go.jp/)
4) 国土交通省「全国都市交通特性調査　集計データ 都市別指標(時系列)」(http://www.mlit.go.jp/toshi/tosiko/toshi_tosiko_fr_000024.html)
5) 厚生労働省「21世紀における国民健康づくり運動(健康日本21)」2020.3最終閲覧(http://www.kenkounippon21.gr.jp/kenkounippon21/about/intro/index_menu1.html)
6) 厚生労働省「第2次健康日本21 国民の健康の増進の総合的な推進を図るための基本的な方針」2012.7 (https://www.mhlw.go.jp/bunya/kenkou/dl/kenkounippon21_01.pdf)
7) 国土交通省都市局まちづくり推進課・都市計画課・街路交通施設課「まちづくりにおける健康増進効果を把握するための 歩行量(歩数)調査のガイドライン」2017.3
8) 富山市「富山市都市マスタープラン」2019.3
9) 富山市提供資料
10) 森雅志富山市長講演資料、2018
11) 富山市「富山市都市整備事業の概要2019」2020.3
12) 富山市「富山市中心市街地活性化基本計画」2018.8
13) 富山市「令和2年度おでかけ定期券パンフレット」2020.3
14) Cyclocity TOYAMA 利用案内パンフレット

注

＊国勢調査基本単位区及び基本単位区内に複数の調査区がある場合は調査区(以下「基本単位区等」という)を基礎単位として、原則として人口密度が4,000人/km²以上の基本単位区等が市区町村の境域内で互いに隣接して、それらの隣接した地域の人口が国勢調査時に5,000人以上を有する地域が「人口集中地区」として設定されている。(出典:総務省統計局「人口集中地区とは」https://www.stat.go.jp/data/chiri/1-1.html)

2章

高齢者健康増進端末機
「おでかけっち」の開発

本章では、4回に渡る一連の調査の際に用いた高齢者健康増進端末機「おでかけっち」の開発経緯、端末機の機能・システムやデザイン等の検討プロセス、端末機を用いた調査の概要、そして調査結果のオープンデータ化について述べている。

　このように開発から調査実施、オープンデータ化までの一連の流れを示したのは、3章から5章に記載している分析結果をみていただくに際して、分析に適したデータを取るためにどのような調査を行ったのかを知っていただきたい、そして、分析にはどのようなデータを使ったかを踏まえて分析結果をみていただきたいとの願いからである。さらに、本プロジェクトの一連の流れを示すことは、今後、読者の皆さまが、類似したプロジェクトや調査を計画・実施される場合の参考になる事柄があるのではないかと考えたためである。

　さて、本プロジェクトでは、市民の皆さまの協力により、非常に貴重なデータを得ることができたことから、そのデータを独占するのではなく広く公開し、関心のある方なら誰でも分析に使っていただけるように考え、オープンデータ化を行った。このオープンデータを皆さまに活用していただく際には、単にデータだけでなくオープンデータ作成までの背景を知っていただくことが、データの活用に有効であると考えている。

2.1　開発の背景と経緯

　高齢者健康増進端末機の開発がスタートした2015年は、1985年の通信自由化から30周年の節目の年にあたり、国民生活へのICT利活用が浸透しつつあり、少子・高齢化社会への対応や地方創生といったわが国の課題に対してICTが有効な手段になるという期待が高まるとともに、2020年の東京オリンピック・パラリンピック開催が決まり、ビッグデータの活用やモノのインターネット化（IoT）といった将来の技術に高い関心が集まっていた時代であった。

当時の平成27年版情報通信白書[1]では、「ICTの過去・現在・未来」という特集が組まれ、過去から現在を経て未来に至る時間軸を切り口として社会全体のICT化に向けた中長期的な未来像が展望されていた。この中で、ICT端末の新形態の一つとしてウェアラブルデバイスが取り上げられており、図 2.1 に示すように、実際に世の中では既にリストバンド型やウォッチ型、メガネ型などの各種デバイスの開発が始まっていた。

メガネ型デバイス	時計型型デバイス	リストバンド型デバイス
Google Glass	Apple Watch	UP3 by Jawbone
メーカー：Google 発売日：未定 OS：Android	メーカー：Apple 発売日：2015年4月 OS：Watch OS	メーカー：Jawbone 発売日：2015年4月
 出所：Google	 出所：Apple	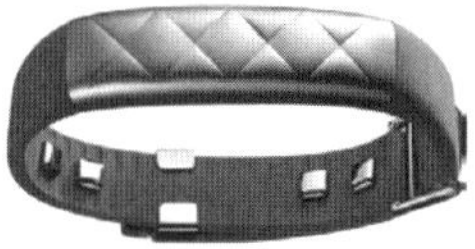 出所：Jawbone

図2.1　ウェアラブルデバイスの種類[1]

　ウェアラブルデバイスとは身体に装着して利用するICT端末であるが、デバイスに搭載された各種センサにより生体情報や活動情報などを取得して通信することにより、健康・フィットネス分野などでの活用が期待されていた。また、スマートフォンとの連動によるアプリ操作でより高度な健康管理サービス等の提供も技術的に可能となっていた。

　このような背景の中、筆者らは、富山市において高齢者向けに実施されている「おでかけ定期券」事業による健康増進効果を計測することを一つの大きな目的として「高齢化社会における交通と健康モニタリングシステムの研究開発コンソーシアム」を立ち上げた。そして、本コンソーシアムにおいて、交通行動とその健康増進効果の関係を調査・分析するために、

高齢者用の軽量小型の携帯端末機を開発することとなった。

　以降では、開発した端末機の機能・システムやデザインの特徴を説明するとともに、実施した調査の内容とその結果の概要を示す。

2.2　どのような機能を持った端末機を開発・製作するか？

　端末機の開発・制作は、図2.2に示すように、はじめに取得する必要があるデータや分析項目などの端末機の仕様を検討し、次にその仕様を満たすデバイスを選定し、システムの検討・開発と端末機のデザイン検討・製作を並行して実施した。これら端末機の仕様検討から端末機の制作、システム開発までを1年間という短い期間で行った。具体的な検討の過程や検討にあたって考慮した点を示す。

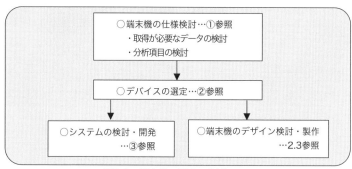

図2.2　端末機の開発・製作のフロー

①端末機の仕様検討

　端末機の開発・製作にあたり、はじめに高齢者の交通行動と健康増進効果を調査・分析するために取得する必要があるデータや分析する項目を検討した。表2.1に示すように、端末機から取得するデータについては、ユーザの位置、ユーザの活動状態といった視点から位置情報や歩数、移動交通手段、心拍数など想定できるデータを検討した。そのうち、行動範囲や外

出状況など位置情報が把握できるGPS、そして健康増進効果を把握するための基本指標となる歩数については必須条件として設定した。また、おでかけ定期券のICカードデータも取得できるよう、交通事業者と調整を行った。

表 2.1　想定できる取得データ

端末機から取得するデータ	ユーザ位置	・屋外：**GPS**（対応衛星, データ取得頻度）
		・屋内：Wi-Fi、Bluetooth、iBeacon などを用いたユーザ位置検出の可能性
	ユーザ状態	・**歩数**
		・移動交通手段
		・心拍数
		・その他身体・周辺等の状況（血圧，熱中症の可能性など）
	その他	・公共交通利用促進や中心市街地活性化に寄与する付加価値に対応したデータ
交通事業者から提供されるデータ	おでかけ定期券	・ICカードデータ

太文字は端末機選定にあたっての必須条件とした

　次に、高齢者の交通行動と健康増進効果を検証するための分析項目を検討した。表2.2に示すように、公共交通の利用者数や利用回数など公共交通の利用状況、外出頻度や外出時間など高齢者の交通行動、歩数など高齢者の健康増進、中心部への滞在時間など中心市街地活性化に分類して基本的な分析項目を検討した。そして位置情報と歩数、おでかけ定期券のICカードデータが取得できれば、これらの基本的な項目については分析が可能であると判断した。また、特定地区への端末機配布や自動車利用者への端末機配布など調査方法を工夫することにより、分析内容も多様な項目に展開が可能になると考えた。

表2.2　基本的な分析項目

公共交通利用	・利用者数、乗車 / 降車人数 ・乗継利用者数、待ち時間 ・公共交通利用回数、時間 ・電停・バス停の徒歩圏・自転車利用圏
高齢者の交通行動	・外出頻度、外出時間 ・外出時利用交通手段
高齢者の健康増進	・歩数、移動距離、心拍数 ・外出時利用交通手段
中心市街地活性化	・中心部への滞在時間、訪問者数

②端末機の開発に必要なデバイスの選定

　歩数やGPSなど端末機で取得が必要なデータは、当時市場で販売されていた多くのデバイスでデータ取得が可能なこと、端末機の開発・制作期間が約半年と短いことから、既存のデバイスを活用して端末機を開発することとした。

　端末機を新たに開発する際の基礎となるデバイスを選定するにあたり、まず、取得が必要なデータは問題なく取得できるか、バッテリの持ちはどうか、端末機にどのような機能が付加できるかなどの諸条件を表2.3のとおり整理した。次に、この諸条件を考慮して国内外を問わず情報を収集し、活用できそうなデバイス25点を抽出し、どのデバイスを活用するのが良いか検討を行った。

　検討段階で特に問題となったのは、GPSデータを取得するためにはバッテリの消費が大きく、どのように長時間バッテリを持たせながらデータを取得できるかということであった。また、高齢者に端末機を携帯してもらうことから、端末機の持ちやすさや操作しやすさなども条件としてあげた。

　その結果、デバイス25点の中から、日本で通信可能・運用可能か、データ取得が可能かなどの諸条件より、最適な条件のデバイスを6点選定した。

表2.3　デバイスの諸条件

データ取得	○利用者の移動状況や交通手段等を把握するため、以下のデータ取得を必須条件と設定した。 ・GPSデータの取得 ・歩数データの取得
バッテリ	○バッテリが長持ちし、充電方法が難しくないことが、重要な条件としてあげられた。
付加機能	○付加機能が展開できる仕様であることが、重要な条件としてあげられた。 ・楽しみ機能（ゲーム感覚で楽しめる） ・安心機能（見守りなど家族が安心できる） ・健康機能（心拍数や血圧が測れて管理できる） ・お得機能（商店街でのポイント連携など得する）　など
その他	・持ちやすさ、操作しやすさ

　さらに、デバイス6点を絞り込むため、表2.4に示すように、実現性、高齢者の使いやすさ、費用、今後の端末機の活用など評価項目の検討を行った。評価項目を基に詳細検討を行い、「SONY SmartWatch3」を端末機のデバイスとして選定した。デバイスの選定フローを図2.3に示す。

表2.4　デバイス選定の評価項目

1）データ取得	ユーザ位置	・屋外：GPS（対応衛星、データ取得頻度） ・屋内：Wi-Fi、Bluetooth、iBeacon などを用いたユーザデータ
	ユーザ状態	・歩数　　　・移動交通手段 ・心拍数　・その他身体・周辺等の状況
	管理・分析	・記録容量　・データ送信・抽出方法 ・データの管理・分析のしやすさ
2）高齢者の使いやすさ	メンテナンス性	・バッテリが長時間持つ　　・充電方法 ・防水機能の有無　　　　　・遠隔操作の可否
	操作性	・操作が簡単である　・音が聞こえやすい ・字が見やすい
	携帯性	・携帯方法　・携帯してもらうためのインセンティブ ・必要端末数（常時携帯する端末数、自宅用端末数） ・重量・大きさ
3）費用		・購入費用（本体価格）・通信費等の維持費用 ・その他費用
4）開発・発展の可能性		・開発のしやすさ（開発期間含む） ・「おでかけ定期券」との連携のしやすさ（NFC有無） ・交通情報提供との連携のしやすさ ・充電台、ストラップ、ケース、説明書との連携などのしやすさ ・将来的な展開のしやすさ・可能性（地域カードなど）
5）その他		・本研究の独自性（富山らしさはあるか） ・本研究の新規性（全国・世界に発信できるものはあるか）

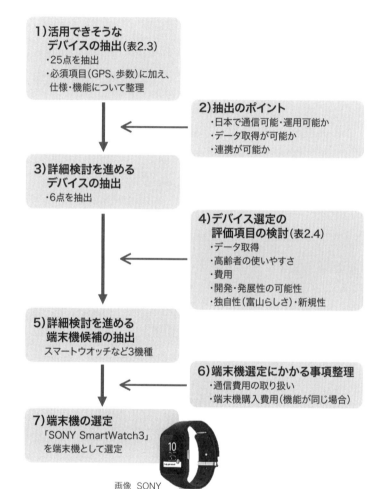

1) 活用できそうな
デバイスの抽出(表2.3)
・25点を抽出
・必須項目(GPS、歩数)に加え、
　仕様・機能について整理

2) 抽出のポイント
・日本で通信可能・運用可能か
・データ取得が可能か
・連携が可能か

3) 詳細検討を進める
デバイスの抽出
・6点を抽出

4) デバイス選定の
評価項目の検討(表2.4)
・データ取得
・高齢者の使いやすさ
・費用
・開発・発展性の可能性
・独自性(富山らしさ)・新規性

5) 詳細検討を進める
端末機候補の抽出
スマートウオッチなど3機種

6) 端末機選定にかかる事項整理
・通信費用の取り扱い
・端末機購入費用(機能が同じ場合)

7) 端末機の選定
「SONY SmartWatch3」
を端末機として選定

画像 SONY

図2.3 デバイスの選定フロー

③端末機のシステムの検討・開発

　端末機及び端末機を活用するためのシステムについて、図2.4に示すように、データ収集・分析システムの検討、プロジェクト2年目に行う調査と効果検証の検討、その検討結果をもとに端末機及びシステムの機能の検討の手順で検討を行った。

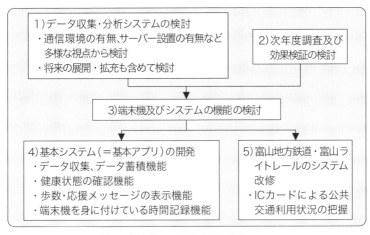

図2.4　端末機システム検討・開発フロー

　端末機の配布や回収、端末機に蓄積したデータの収集方法については、Wi-Fiを活用してデータをクラウドに蓄積する方法、富山市の出先機関である地区センターの職員によって端末機を配布・回収する方法を比較検討した結果、Wi-Fi環境が周辺にない高齢者が一定数いるのではないかと想定できること、システム構築費用が高いことから、地区センターの職員によって端末機を配布・回収し、コンソーシアムで端末機からデータを回収する方法を選択した。

　調査期間中は、GPS（位置情報）データ、歩数データ、BeaconIDデータ、画面を見て高齢者に健康状態を回答してもらう健康状態の回答データ、端末機を身に着けている時間が分かる携帯データを端末機で取得し、端末

機に蓄積することとした。調査終了後に端末機を回収し、Bluetoothにより
りペアリングしたスマートフォンへデータを転送し、スマートフォンから
USB接続にてパソコン端末へデータを移動することとした。これらのシス
テム構成を図2.5に示す。

　また、端末機から得られるデータ、おでかけ定期券から得られるデータ
をデータベースとして一括保存することとした。1次解析では、2次解析用
にデータの名寄せ（IDごとに取りまとめる）などの作業、2次解析において、
データの「見える化」を想定した。

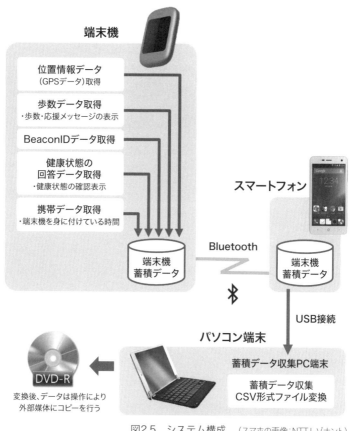

図2.5　システム構成　（スマホの画像：NTTレゾナント）

このような機能を具備するような基本システム（基本アプリ）の開発を行った。また、富山地方鉄道・富山ライトレールのシステムから、おでかけ定期券の利用状況データを抽出するため、両社のシステム改修を行った。その概要を表2.5に示す。

表2.5　開発アプリとシステム改修の概要

基本システム（＝基本アプリ）の開発	・端末機	・位置情報（GPS）データ、歩数データ、BeaconIDデータ、健康状態の回答データ、携帯データを取得、蓄積
	・スマートフォン	・データ蓄積、転送機能 ・ビューアー機能
富山地方鉄道・ 富山ライトレールシステムの改修	・ICカード（おでかけ定期券）による公共交通利用状況の把握	

2.3　親しみを持って携帯してもらえる端末機のデザイン

①プロジェクトアイデアマップを用いた検討

　端末機のデザイン検討では、端末機が本プロジェクトの目的を達成するためのデータ取得ができることに加え、端末機を実際に使用する高齢者にとって、使いやすく、安全であること、さらには、端末機を持ってもらうことの楽しみがあることが必要と考えた。

　このような様々な要素を考慮したデザイン検討を行うため、図2.6に示すように、端末機のデザインだけではなく、交通と健康モニタリングのプロジェクト全体のデザインを俯瞰できるプロジェクトアイデアマップを作成した。

　このプロジェクトアイデアマップを用い、将来的な展開も視野に入れつつ、端末機のハードウェアデザインから、ソフトウエア、広報および周辺サービスのあり方までの広がりの中で、「安心・安全」「便利・分かり易さ」「遊び・楽しみ」の3つの機能をどのように展開していくかを検討した。

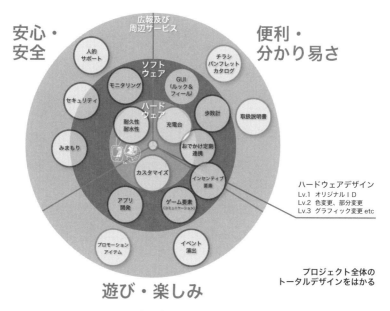

図2.6　プロジェクトアイデアマップの検討

②プロジェクトデザインの検討

　端末機のデザインに関しては、開発当初から「片手に持てる大きさで、親しみを持って常に携帯してもらえるようなデザイン」がイメージとしてあり、このイメージをもとにして検討を行うこととした。

　また、「2.2　端末機の機能・システム」で述べたように、システム全体としては、端末機のほかに、データ蓄積、転送機能、ビューアー機能を持つスマートフォンが必要になり、トータルデザインとしては、端末機本体のデザインのほか、端末機のディスプレイ、端末機・スマートフォンの充電台、説明書、ケースなども含めてデザインの検討を行った。

　先に述べたプロジェクトアイデアマップを用いながら、図2.7のように高齢者が生活の中で端末機を使う状況を想定したデザイン検討や、図2.8のようなプロジェクトのPR展開の仕方の検討など様々なアイデアを出しながらデザインの検討を行った。

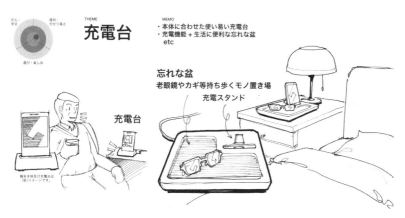

図2.7　プロジェクトデザインの検討例（充電台）

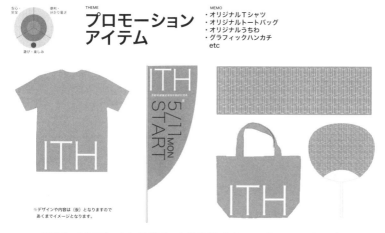

図2.8　プロジェクトデザインの検討例（プロモーションアイテム）

さらに、このトータルデザインの検討と並行して、図2.9のように本プロジェクトの愛称、端末機の名称についても検討を行い、プロジェクト名を「TITH　Toyama IT System for Transport and Health」、親しみを持って端末機を携帯してもらえるよう、端末機名称を「おでかけっち」と命名した。このネーミングもプロジェクト成功の要因のひとつとなったと筆者らは考えている。

図2.9　プロジェクト名・モデル名の検討

③端末機デザインの検討

【端末機本体】

　端末機本体のデザインを考えるにあたっては、最初に高齢者が端末機をどのように身に付けるか、あるいは携帯するかを想定することが必要となる。身体に装着する場合は、ストラップで首からぶら下げる、手首にぶら下げる、時計のようにリストバンドで手首につける方法、さらにズボンなどにクリップでつける、カバンの中に入れる方法などが考えられる。

　また、外出の際には、おでかけ定期券とセットで持ってもらうようにするための端末機のデザイン、あるいはおでかけ定期券と端末機のケースについても検討した。装着方法と形について検討したデザイン案を図2.10に示す。

　この検討の結果、おでかけ定期券と端末機をセットで持つようにするには、どうしても端末機が大きくなり扱いにくくなるため、端末機とおでかけ定期券は別々に持つ形でデザインを考えていくこととした。

　端末機のデザイン検討では図2.11に示すようにモック（原寸大模型）を制作し、持ちやすさ、携帯しやすさを検証し、数点のデザイン案を選定してから、さらに、詳細なデザインを検討し、最終案を決定した。

　端末機の装着方法については、装着のしやすさ、装着の抵抗感の軽減を考え、腕時計タイプではなく、高齢者でも携帯しやすい首かけストラップ付の形態とし、ストラップでの事故防止のための安全装置付きのものを用いることとした。端末機などの色については、性別を問わずどなたにも携帯してもらえるように、図2.12〜図2.13に示すように端末機は落ち着きのあるマットシャンパンゴールド、ストラップはダークブラウンとした。

　このようなおしゃれなデザインの端末機にすることで、高齢者の方々が毎日装着し携帯することが億劫にならず、かえって楽しくなるような効果をねらったが、携帯のしやすさと持って歩きたくなるようなデザインの良さが、2.5に示すように、「おでかけっち」を持つだけでも高齢者の行動変容につながったものと考えている。

図2.10　端末機デザイン案の検討（装着方法と形）

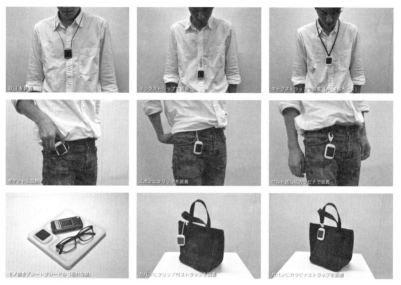

図2.11　デザイン案の検討（各モックおよび装着イメージ）

図2.12　端末機の色の検討

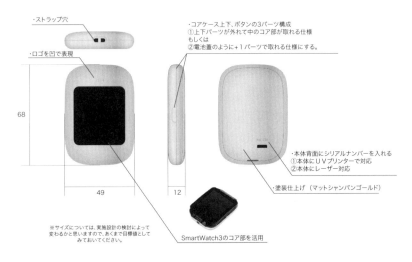

・ストラップ穴

・ロゴを凹で表現

68

49

12

・コアケース上下、ボタンの3パーツ構成
①上下パーツが外れて中のコア部が取れる仕様
もしくは
②電池蓋のように＋1パーツで取れる仕様にする。

・本体背面にシリアルナンバーを入れる
①本体にＵＶプリンターで対応
②本体にレーザー対応

・塗装仕上げ（マットシャンパンゴールド）

SmartWatch3のコア部を活用

※サイズについては、実施設計の検討によって
変わるかと思いますので、あくまで目標値として
みておいてください。

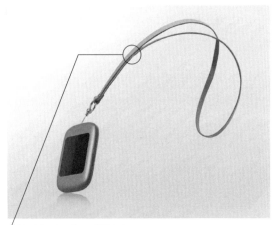

●事故防止の為の外れる機構やパーツについて

色はブラック※上記の事故防止パーツを組み込む

図2.13　オリジナル外装デザイン【最終版】

【充電台（クレードル）】

　端末機を充電する際、ケーブルを端末に直接挿す方法では高齢者の負担となると考え、高齢者でも簡単に充電できるように、充電台（クレードル）を制作することとした。充電台（クレードル）については、表2.6に示す5案を提案し、端末の操作のしやすさ、充電のしやすさ、端末の出し入れの容易さ、コンパクトであるかどうかの各視点から検討し、図2.14に示すように1案を選定した。

表2.6　充電台（クレードル）の比較検討

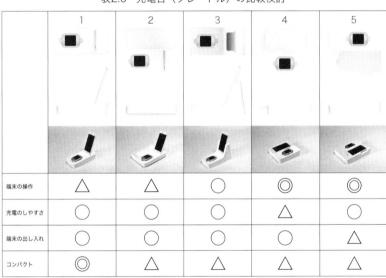

	1	2	3	4	5
端末の操作	△	△	○	◎	◎
充電のしやすさ	○	○	○	△	○
端末の出し入れ	○	○	○	○	△
コンパクト	◎	△	△	△	△

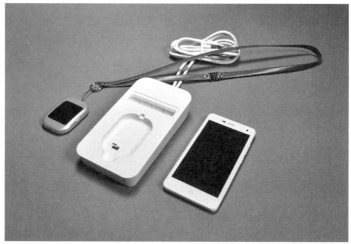

図2.14　充電台（クレードル）デザイン【最終版】

【説明書（使い方ガイド）】

　端末機からのデータ取得を確実にするため、端末機を利用する高齢者の方々に端末機の使い方を十分理解してもらう必要があることから、図2.15に示すように、利用者に端末機と一緒に配布する説明書「使い方ガイド」を製作した。

　この「使い方ガイド」は、高齢者に配布する説明書であるため、1.配布するセットの内容、2.各部の名称、3.充電台への差し込み・取り出し、4.充電の方法、5.電源をオンにする方法、6.画面の操作方法、7.おでかけっち(端末機の装着方法)、8.お願いと注意事項、という内容について、イラストを用いて分かりやすく表現した。この「見れば理解できるイラスト」の多用による説明書が、長期間にわたる調査の継続に寄与したのではないかと考えている。

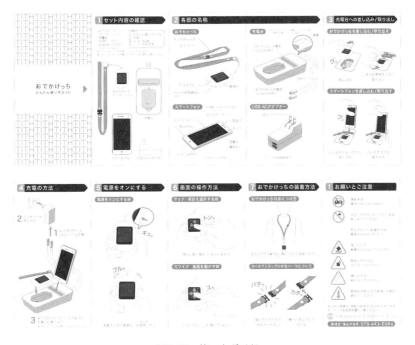

図2.15　使い方ガイド

以上のように、端末機開発に際しては、分析に必要となるデータを得るため、すなわち、高齢者の普段の行動を把握するために、次のような工夫を行った。

・端末機の装着のしやすさ、装着の抵抗感の軽減を考え、腕時計タイプではなく、ストラップによる首かけタイプとし、ストラップにも安全対策を施した。
・毎日装着し携帯することが億劫にならず、かえって楽しくなるように、おしゃれな色と形の親しみやすいデザインの端末機とした。
・ケーブルを端末機に直接挿す方法だと、高齢者にとっては負担となると考え、毎日の充電を簡単にするために充電台を開発した。

コラム 1 　端末機デザインの様々なアイデア

　端末機のデザイン検討の初期段階では、高齢者が対象ということを意識して、その日の移動ルートが自動的に表示される充電台、ループタイ型の装着方法、薬入れにもなる端末機ケース、補聴器としても使える端末機など様々なアイデアを展開してみた。そのほか、今回は実現しなかったが、今後の新たな端末機の開発には活用できるアイデアもあるかもしれない。

図2.16　端末機関連のアイデア例

2.4 おでかけっちを活用した高齢者の交通行動調査と中心市街地の回遊調査

①調査の概要

　端末機「おでかけっち」を活用した調査については、表2.7に示すように、本プロジェクトでは、高齢者交通行動調査と中心市街地回遊調査の2つの調査を実施した。

　高齢者交通行動調査は、おでかけ定期券効果の把握、高齢者の外出支援、医療費の削減、コンパクトなまちづくりへの効果などを分析するために実施した調査で、2016年と2018年の2回にわたり、65歳以上の高齢者を対象に、同じ調査対象者［パネル］に対して一定期間に繰り返し調査を行うパネル調査を実施した。この高齢者交通行動調査の分析結果については、3章と4章に詳述している。

表2.7　端末機「おでかけっち」を用いた調査全体の流れ

調査項目 ＼ 年次	1期 H27[2015]年	2期 H28[2016]年	3期 H29[2017]年	4期 H30[2018]年	5期 R1[2019]年
1. 高齢者健康増進端末機「おでかけっち」研究開発	●端末機研究開発				
2. 高齢者交通行動に関する分析　①パネル調査（第1回）		●高齢者調査	●調査の分析		●調査の分析
②パネル調査（第2回）				●高齢者調査	●調査の分析
3. 中心市街地回遊行動に関する分析　①中心商業地区				●一般市民調査 ●調査の分析	
②富山駅周辺地区					●一般市民・観光客調査 ●調査の分析
4. とりまとめ、オープンデータ化等					●とりまとめ

一方、中心市街地回遊調査は、中心市街地を訪問した人がどのような行動をしているかを分析し、中心市街地活性化の方策検討の基礎データとするために実施した調査で、2018年には総曲輪地区グランドプラザ等の中心商業地区を訪問した一般市民等を対象に端末機「おでかけっち」を配布し、その行動状況を調査した。さらに、2019年には富山駅周辺地区において、富山駅周辺への来街者（一般市民・観光客等）を対象に行動状況を調査した。なお、この調査は、その後の富山駅での自由通路による南北接続、ライトレールと路面電車の路線接続の事前調査としての位置づけも持った調査となっている。

　この中心市街地回遊調査の分析結果については、5章に詳述している。

②高齢者交通行動調査の実施

　高齢者交通行動調査は、2016年と2018年の2回にわたり、65歳以上の高齢者を対象にパネル調査として実施した。2016年調査、2018年調査の概要は、表2.8に示すとおりである。

表2.8　高齢者交通行動調査

	2016年	2018年
1）調査対象	市内に住む65歳以上の高齢者（おでかけ定期券所有者及び非所有者）	2016年度の高齢者行動調査協力者1,183人
2）調査対象者数	2,000個配布を目標設定。14,182人に調査協力を依頼し、1,440人から調査協力の同意が得られた。	1,183人に調査協力を依頼し、691人から調査協力の同意が得られた。
3）調査期間	2016年10月1日から10月31日までの1か月	2018年9月28日から10月12日までの2週間
4）端末機による取得データ	位置情報（GPS、Beacon）、歩数、健康状態の回答、端末機の携行時間	
5）端末機の配布、回収方法	・調査対象者のなかから無作為抽出（ただし、全人口に対する各地区の高齢者の割合などを考慮して抽出）し、調査協力依頼文を送付した。 ・調査協力者から調査の同意を得たうえで、地区センターで端末機を配布した。 ・調査期間終了後、調査協力者に対し端末機返却依頼文を送付し、地区センター等で端末機を回収した。 ・併せて、「高齢者の交通行動調査に関するアンケート」調査票を配布し、端末機返却時に調査票の提出をお願いした。	

(i) 第1回調査（2016年調査）

　第1回高齢者交通行動調査は、2016年10月の1ヶ月間、富山市内の65歳以上の高齢者を対象に実施した。

　この調査では、おでかけ定期券の所有、利用の有無による交通行動の違いや傾向、交通手段別による交通行動の違いや傾向を検証するため、「おでかけ定期券所有者」と「非所有者」の両者を調査対象として設定した。

　調査対象者のなかから無作為抽出し、端末機「おでかけっち」の2,000個配布を目標に、1万4,182人に調査協力を依頼し1,440人から調査協力の同意が得られた。表2.9に示すように、そのうち、おでかけ定期券利用者は809人、非利用者は631人であった。また、男性は932人、女性は508人であり、男性の同意者の方が多い結果となった。これは、新しい端末機を使用することへの抵抗が女性よりも男性の方が低いためと考えられる。

　調査協力者から調査の同意を得たうえで、地区センター等（市役所1ヶ所、行政センター6ヶ所、地区センター73ヶ所、計80ヶ所）で端末機を配布した。調査期間は1ヶ月とし、家にいる時も常に端末機を携帯してもらうように依頼した。併せて、「高齢者の交通行動調査に関するアンケート」調査票を配布し、端末機返却時に調査票の提出をお願いした。

表2.9　高齢者交通行動調査〔2016年〕の調査対象者

	男　性	女　性	計
定期券所有者	504人　62.3%	305人　37.7%	809人　100.0%
定期券非所有者	428人　67.9%	203人　32.1%	631人　100.0%
計	932人　64.7%	508人　35.3%	1,440人　100.0%

(ii) 第2回調査（2018年調査）

　第2回高齢者交通行動調査は、2018年10月、2016年の高齢者行動調査協力者を対象に、2年後の交通行動を調査・分析するため、パネル調査とし

て実施した。

パネル調査とは、同じ調査対象者（パネル）に対して、一定期間をおいて繰り返し調査を行う方法であり、時間的な変化を調査・分析できる特徴を持っている。本調査では、2年間の経年的な交通行動の変化、おでかけ定期券の所有・利用による変化の違いや傾向について調査・分析を行った。

2016年調査時と同様に、調査対象者へ調査協力を依頼し、調査の同意を得たうえで、地区センターで端末機を配布した。調査期間は2週間とし、家にいるときも常に端末機を携帯してもらうように依頼した。調査期間の設定について、2016年調査時に1ヶ月間の調査は高齢者の負担が大きいとの意見があったこともあり、2週間に短縮した。併せて、「高齢者の交通行動調査に関するアンケート」調査票を配布し、端末機返却時に調査票の提出をお願いした。

③中心市街地回遊調査
（ⅰ）中心商業地区調査（2018年調査）

2018年7月の4日間、中心商業地区来街者を対象に中心市街地滞在状況調査を実施した（写真2.1）。

交通手段別による中心市街地での交通行動の違いや傾向を検証するため、マイカー利用者（駐車場利用者）、バス利用者、市内電車利用者を調査対象として設定し端末機を配布した。駐車場利用者は出庫時に、公共交通利用者は郵送にて端末を回収した。調査の概要を表2.10に示す。

写真2.1　中心商業地区調査の状況

表2.10　中心市街地滞在状況調査（2018年）

1）調査対象	中心商業地区来街者
2）調査期間	2018年7月7日（土）、8日（日）、13日（金）、15日（日）の4日間
3）調査方法	グランドプラザ駐車場及びバス停（市内電車停留所）付近で来街者に端末を配布、駐車場利用者は出庫時に、公共交通利用者は郵送にて端末を回収し、取得したデータの分析を行う。
4）調査協力者	359名（うち、358名分のデータを回収）

（ii）富山駅周辺地区調査（2019年調査）

　2019年5月の4日間、富山駅への来訪者を対象に富山駅回遊調査を実施し（写真2.2、2.3）、富山駅での市内電車南北接続前における回遊状況について調査・分析を行った。また、グランドプラザ周辺で端末機を配布した2018年中心市街地滞在状況調査結果と比較を行い、富山駅を含む中心市街地での滞在状況、回遊状況の分析を行った。調査の概要を表2.11に示す。

表2.11　富山駅回遊調査（2019年）

1）調査対象	富山駅への来訪者
2）調査期間	2019年5月25日（土）、26日（日）、27日（月）、28日（火）の4日間
3）調査方法	富山駅への来訪者に端末を配布、郵送にて端末を回収し、取得したデータの分析を行う。 【端末配布箇所】 ・富山駅北口：ライトレールのりば周辺 ・富山駅総合案内所横：市電のりば周辺、駅待合空間 ・富山駅南口：タクシーのりば、バスのりば周辺
4）調査協力者	557名（うち、553名分のデータを回収）

（クッションケースに端末機を入れて携帯）
写真2.2　調査端末機セット

写真2.3　富山駅周辺地区調査の状況

2.5　おでかけっちを活用して分かったこと

①おでかけっちの開発、調査より分かったこと

　おでかけっちを開発し、高齢者交通行動調査で計測したデータから、歩数や中心市街地への外出状況など高齢者の行動を分析することができた。この結果、おでかけ定期券所有者で公共交通を利用している人は、おでかけ定期券非所有者や公共交通を利用していない人よりも1日の平均歩数は多く、2年間の減少幅も少ないことなどが分かった。詳細は3章と4章を参照願いたい。

　また、現在の健康状態や最近1ヶ月の医療費をアンケートで尋ねるとともに、富山市国民健康保険、富山県後期高齢者医療制度の医療費データの提供を依頼し、同意が得られた方々の医療費データを用いて高齢者の医療費に関する分析も行った。この結果、おでかけ定期券の継続所有者は、おでかけ定期券の非継続所有者よりも年間の医療費は少ないこと、1日平均歩数の多い人ほど医療費が少ない傾向があることが分かった。詳細は4章を参照願いたい。

　中心市街地回遊調査で計測したデータから、富山市民の中心市街地での滞在時間や回遊状況などを分析することができた。この結果、中心商業地区と富山駅周辺地区の両地区では、中心市街地に公共交通で来た人は、自動車で来た人よりも滞在時間が長く、平均歩数も多いこと、そして、平均訪問箇所数も多く、回遊の範囲も広く、消費金額も多い傾向があることが分かった。詳細は5章を参照願いたい。

　このほか、おでかけっちを携帯するだけでも高齢者に公共交通や健康に関しての意識の変化、行動の変化が生じるという、おでかけっちの効果が明らかになった。本節では、このおでかけっちの携帯効果について詳述する。

②おでかけっち携帯の効果

　2016年高齢者交通行動調査でのアンケート調査において、図2.17に示すように、「端末機『おでかけっち』を携帯して外出されて、何か変化はありましたか？」と尋ねたところ、高齢者の約5割が「おでかけっちを携帯するだけで、何らかの変化があった」と回答した。変化の内容としては、「健康に関心を持つようになった」、「たくさん歩くようになった」と回答した高齢者が約3割と多かった。

　また、2018年高齢者行動調査でのアンケート調査においても、「2016年調査の後、何か変化はありましたか？」と尋ねたところ、高齢者の約5割が「何らかの変化があった」と回答した。

　2016年調査と2018年調査を比較し、「何らかの変化があった」高齢者の割合は大きく変わらないが、「人と会話をする機会が増えた」、「バスや鉄道に乗る機会が増えた」などの割合が増加している。

2016年調査：端末機「おでかけっち」を携帯した外出時での変化
2018年調査：2016年調査後の変化

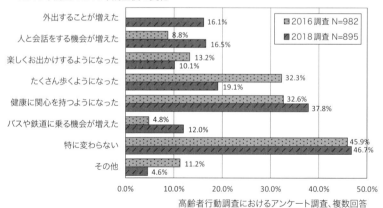

図2.17　外出時での変化

属性別では図2.18に示すように、定期券非所有者よりも所有者、男性よ
りも女性、前期高齢者よりも後期高齢者の方が、「2016年調査の後、何ら
かの変化があった」と回答している割合が高い傾向がみられる。
　2016年アンケート調査で「バスや鉄道に乗る機会が増えた」と回答した
高齢者は実際にどのように行動が変化したのか、図2.19に示すように、2か
年で外出頻度や歩数を比較した。

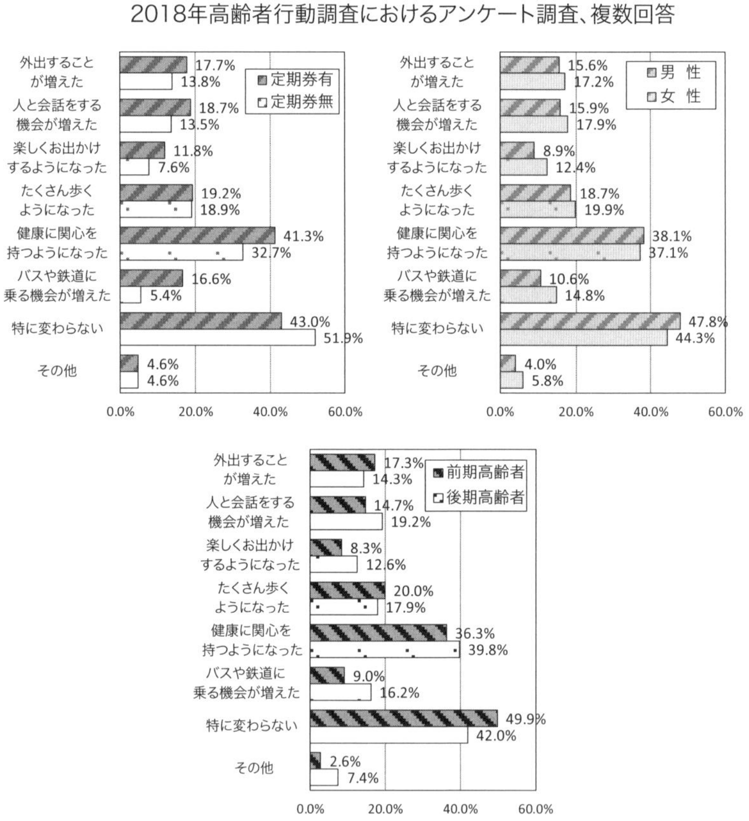

2018年高齢者行動調査におけるアンケート調査、複数回答

図2.18　2016年調査後の変化

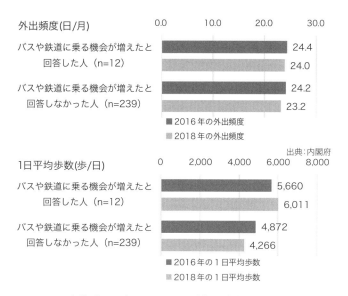

外出頻度(日/月)

バスや鉄道に乗る機会が増えたと回答した人（n=12）
- 24.4
- 24.0

バスや鉄道に乗る機会が増えたと回答しなかった人（n=239）
- 24.2
- 23.2

■ 2016年の外出頻度
■ 2018年の外出頻度

出典：内閣府

1日平均歩数(歩/日)

バスや鉄道に乗る機会が増えたと回答した人（n=12）
- 5,660
- 6,011

バスや鉄道に乗る機会が増えたと回答しなかった人（n=239）
- 4,872
- 4,266

■ 2016年の1日平均歩数
■ 2018年の1日平均歩数

図2.19　意識（2016年アンケート調査）と実際の交通行動の変化

　外出頻度は2016年から2018年にかけて全体的に減少しているものの、バスや鉄道に乗る機会が増えたと回答した高齢者は減少幅が小さい傾向がみられた。また、1日平均歩数については、バスや鉄道に乗る機会が増えたと回答した高齢者は2016年から2018年にかけて増加している。

　調査に協力いただき、おでかけっちを携帯しただけで、その効果は多くの高齢者において2年後まで継続しているといえる。

　先述のとおり、端末機「おでかけっち」を配布・携帯するだけで約5割の高齢者において「健康に関心を持つようになった」、「たくさん歩くようになった」など何らかの変化があった。

　これは、表2.12に示すように端末機「おでかけっち」を配布した効果であると捉えており、歩くため・公共交通を利用するための何らかのきっかけを与えることにより、高齢者の意識に変化が生じたことを意味する。

　さらに、その効果は多くの高齢者において2年後まで継続していること

が明らかとなった。特に、「楽しくお出かけすること」、「たくさん歩くこと」から、次の段階となる楽しみ・生きがいにつながる会話や遠方への外出が増加していることが窺える。

　また、「バスや鉄道に乗る機会が増えた」高齢者は2016年調査時点で4.8％であり、富山市内の全高齢者12万1,607人（2018年9月末現在）へ公共交通を利用するための何らかのきっかけを与えた場合、バスや鉄道の利用者は約190人／日の増加が期待できる。

表2.12　おでかけっち携帯の効果

約5割の高齢者に効果あり
・約5割の調査対象者が、おでかけっちを携帯するだけで何らかの変化があった。 ・2016年では「健康に関心を持つようになった」、「たくさん歩くようになった」高齢者が多いが、2年後の2018年においても継続しており、さらに、楽しみ・生きがいにつながる会話や遠方への外出が増加している。
バスや鉄道の利用者増加
・全高齢者121,607人 × バスや鉄道に乗る機会が増えた割合4.8％ ＝ 約5,800人 ・高齢者5,800人が1か月に1回（1年に12回）、バスや鉄道に乗る機会が増えると仮定すると、バスや鉄道の利用者は、5,800人×12回＝69,600人／年＝190人／日の増加が期待できる。 ・なお、平成26年おでかけ定期券利用者2,634人／日であり、190人／日はその7％にあたる。

2.6　データの利活用に向けて

①超スマート社会"Society5.0"

　高齢者健康増進端末機「おでかけっち」の開発から6年が経過した2021年（令和3年）、わが国ではIoT・AI等のデジタルテクノロジーを活用した新たな社会"Society5.0"[2]の実現が目指されている。

　これまでの情報社会（Society4.0）では知識や情報が共有されず、分野横断的な連携が不十分という問題があった。これに対して進化した"Society5.0"の社会では、IoTで全ての人とモノがつながり、様々な知識や情報が共有されること、また、AIを活用したロボットや自動運転などの

技術が飛躍的に進歩することによって、少子・高齢化や地方創生などの様々な社会課題が克服されようとしている（図2.20）。

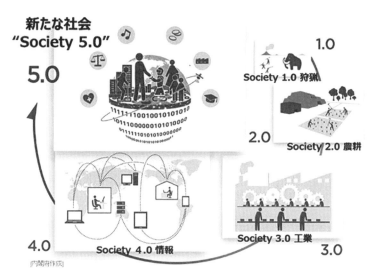

図2.20　Society5.0とは[3]

②オープンデータとデジタル化戦略

　Society5.0によって実現される、いわゆる超スマート社会においては、社会の各主体が相互に連携し、データの利活用を積極的に行うことが極めて重要である。このような中、わが国では「官民データ活用推進基本法[4]」が施行され、国及び地方公共団体はオープンデータに取り組むことが義務付けられた。また、それを受けた「官民データ活用推進基本計画[5]」では、「データ利活用」と「デジタル・ガバメント」を両輪とするデジタル化戦略が示されている（図2.21）。

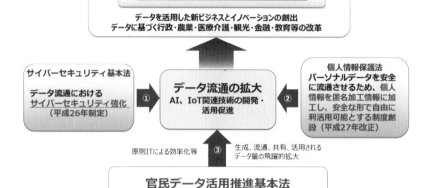

図2.21 官民データ活用推進基本法制定の背景[6]

③情報プラットフォーム構築とデータ整備

　社会全体をデジタル化していくためには、分野横断的に情報連携することができるプラットフォームの構築が急がれる。併せてデータ利活用のためのルール整備やデータ取引市場の整備も重要である。また、筆者らが本分野で先行している自治体に対して行ったヒアリングから、データの標準化、通信プロトコルの統一化、情報リテラシー向上・人材育成の他、データを利活用する民間企業の新規ビジネスやサービスの創出が課題であることが明らかとなった。

　情報プラットフォーム上には、行政からのオープンデータに加えて、民間からのデータを収集して一元的に管理することにより、スタートアップ企業を含む様々な主体がビジネス創出に参加できるエコシステムを創り上げていく視点が重要であろう。

④富山市における取組み
(i)オープンデータ化
　こうした動向を踏まえ、本プロジェクトの調査結果については、貴重な調査データを独占するのではなく広く公開し、今後とも民間事業者等に活用していただき、更なる中心市街地への来街者向けのサービスを拡充していただけるようにするため、2016年から2019年までの調査・分析結果をオープンデータ化することとし、富山市のホームページの「富山市オープンデータ」に調査結果データを掲載した（図2.22）。オープンデータ化にあたっては、個人情報が特定されないように加工する一方で、できるだけ詳細な交通行動が把握（再現）できるよう、生データに近い形で公開するよう努めた。

　調査結果のデータベース化が、富山市における世界に先駆けたスマートシティ、コンパクトシティのモデル構築に貢献するとともに、本プロジェクトの目的である公共交通が高齢者をはじめとする人々とまちを元気にすることの関係性の分析、さらにはその分析に基づいたまちづくりの政策検討に寄与できることを期待している。

OPEN DATA TOYAMA

オープンデータへのアクセス　https://opdt.city.toyama.lg.jp/dataset/kenko-monitoring

オープンデータ例　出典：富山市ホームページ

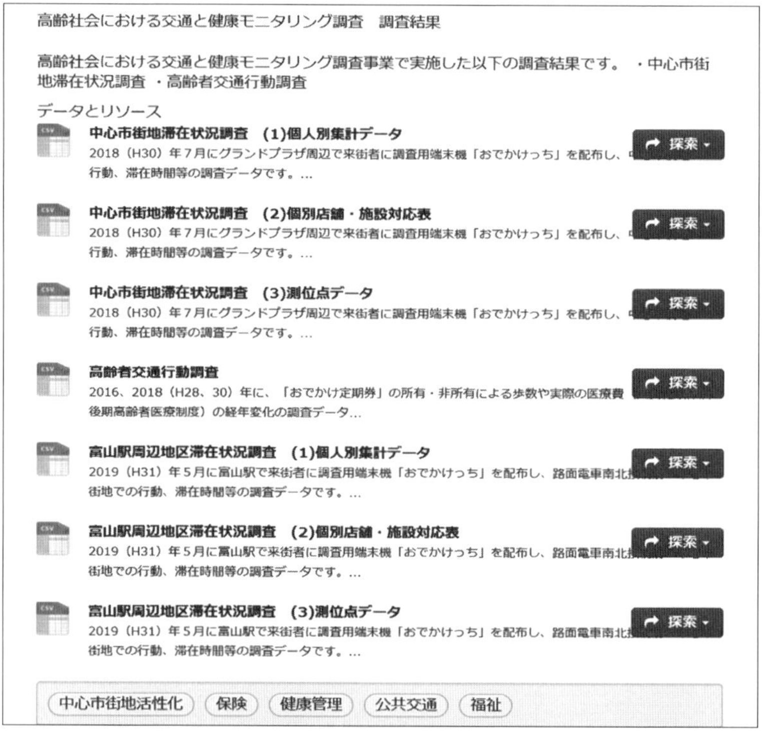
高齢社会における交通と健康モニタリング調査　調査結果

高齢社会における交通と健康モニタリング調査事業で実施した以下の調査結果です。・中心市街地滞在状況調査 ・高齢者交通行動調査

データとリソース

中心市街地滞在状況調査　(1)個人別集計データ
2018（H30）年7月にグランドプラザ周辺で来街者に調査用端末機「おでかけっち」を配布し、
行動、滞在時間等の調査データです。...

中心市街地滞在状況調査　(2)個別店舗・施設対応表
2018（H30）年7月にグランドプラザ周辺で来街者に調査用端末機「おでかけっち」を配布し、
行動、滞在時間等の調査データです。...

中心市街地滞在状況調査　(3)測位点データ
2018（H30）年7月にグランドプラザ周辺で来街者に調査用端末機「おでかけっち」を配布し、
行動、滞在時間等の調査データです。...

高齢者交通行動調査
2016、2018（H28、30）年に、「おでかけ定期券」の所有・非所有による歩数や実際の医療費
後期高齢者医療制度）の経年変化の調査データ...

富山駅周辺地区滞在状況調査　(1)個人別集計データ
2019（H31）年5月に富山駅で来街者に調査用端末機「おでかけっち」を配布し、路面電車南北
街地での行動、滞在時間等の調査データです。...

富山駅周辺地区滞在状況調査　(2)個別店舗・施設対応表
2019（H31）年5月に富山駅で来街者に調査用端末機「おでかけっち」を配布し、路面電車南北
街地での行動、滞在時間等の調査データです。...

富山駅周辺地区滞在状況調査　(3)測位点データ
2019（H31）年5月に富山駅で来街者に調査用端末機「おでかけっち」を配布し、路面電車南北
街地での行動、滞在時間等の調査データです。...

中心市街地活性化　保険　健康管理　公共交通　福祉

図2.22　富山市のオープンデータ

(ii)情報プラットフォーム構築

　さらに、富山市では、現在、このようなオープンデータ化の取組みをはじめ、都市における様々な活動データを官民連携[7]により収集し、一元的に集約化するデジタルプラットフォームの構築を進めている。富山市は公共交通を軸とした「お団子と串」の都市構造を有する、わが国を代表するコンパクトシティ[8]であり、MaaSとの親和性も高いと考えられる。今後、MaaS導入により公共交通の飛躍的な利便性向上を図るとともに、データ利活用の側面からは、MaaS（交通・移動）を一つの入口として、市民向け、来訪者向けの各種サービスを展開していくことが期待される（図2.23）。

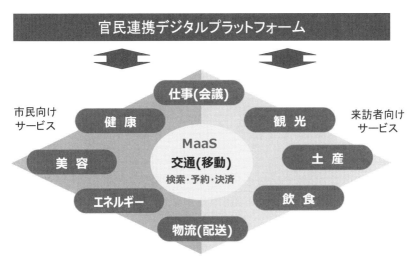

図2.23　富山市におけるデジタルプラットフォームを活用したサービス展開イメージ

2.7　おでかけっちの開発と活用のまとめ

　2.1では、本プロジェクトがスタートした2015年当時は、各種ウェアラブルデバイスが開発され始めた時期であり、健康・フィットネス分野などへの活用が期待されていた背景を述べるとともに、このような状況のもとで、交通行動とその健康増進効果の関係を調査・分析するため、高齢者向けの軽量小型の端末機の開発を行った経緯を述べた。

　2.2では、端末機の開発にあたっては、高齢者の交通行動と健康増進効果の調査・分析に必要なGPSと歩数などのデータ確保と開発・制作期間を考慮し、既存のデバイスを活用することとしたこと、そして、必要データの取得、バッテリの持ち、機能の付加可能性、高齢者の操作性、費用等を考慮して、「SONY SmartWatch3」を選定したことを述べた。

　また、端末機のシステム構成については、端末機からのデータは一旦端末機に蓄積し、Bluetoothによりペアリングしたスマートフォンへデータを転送し、スマートフォンからUSB接続にてパソコンへデータ移動するシステムについてその概要を示した。

　2.3では、高齢者が親しみを持って携帯できる端末機とするため、プロジェクト全体を俯瞰するプロジェクトアイデアマップを作成して検討を行ったことを示した。具体的な端末機のデザインについては、毎日装着し携帯することが億劫にならず、かえって楽しくなるように、携帯しやすい首かけ安全装置付ストラップの形態でおしゃれな色と形の親しみやすいデザインとしたこと、また、高齢者にも扱いやすい充電台を制作し、説明書もデザインし、高齢者にもわかりやすい「おでかけっち」と命名したことについて述べた。

　2.4では、おでかけっちを活用した調査には、高齢者交通行動調査と中心市街地回遊調査の2つの調査があり、高齢者交通行動調査では、おでかけ定期券効果の把握、高齢者の外出支援、医療費の削減、コンパクトなまちづくりへの効果などの分析を目的として、2016年と2018年の2回にわたり、65歳以上の高齢者を対象にパネル調査を実施したことについて述べた。も

う一つの調査である中心市街地回遊調査については、中心市街地訪問者の行動を分析し、中心市街地活性化の方策検討の基礎データとするため、2018年には中心商業地区を対象に、2019年には富山駅周辺地区を対象に実施したことを示した。

2.5では、おでかけっちを活用した調査で分かったことの概要を示した。高齢者交通行動調査では、歩数、医療費からのおでかけ定期券所有・公共交通利用の効果を明らかにできたことについて述べた（詳細は3章、4章）。

また、中心市街地回遊調査では、公共交通利用者は、中心市街地に滞在する時間が長く、平均歩数、消費金額も多いことなどを示した（詳細は5章）。

さらに、2.3に示した端末機のデザインにも関連するが、高齢者交通行動調査のアンケート調査では、おでかけっちを携帯するだけでも、高齢者に公共交通や健康に関しての意識の変化、行動の変化が生じるという効果が明らかになったことについて述べた。

2.6では、新たな社会"Society5.0"の実現を目指して、国及び地方公共団体がオープンデータ化に取り組んでいる状況を踏まえ、本プロジェクトの調査・分析結果を独占するのではなく広く公開し、関心のある方なら誰でも分析に使っていただけるようにするため、「富山市オープンデータ」として調査結果を掲載したことについて述べた。

このオープンデータ化した調査・分析のデータベースが、富山市のスマートシティ、コンパクトシティ構築への貢献、さらには、富山市のみならず様々な都市のまちづくりの政策検討に寄与されることを期待している。

参考文献
1）総務省『平成27年版情報通信白書』(ICT白書)、2015.7
2）内閣府「第5期科学技術基本計画」2016.1
3）内閣府HP「Society 5.0〈科学技術イノベーションが拓く新たな社会〉説明資料」、
　（https://www8.cao.go.jp/cstp/society5_0/）
4）内閣府「官民データ活用推進基本法」2016.12
5）内閣府「世界最先端IT国家創造宣言・官民データ活用推進基本計画} 2017.5
6）内閣官房情報通信技術(IT)総合戦略室「官民データ活用推進基本法について(資料1)」2017.3
7）例えば、データ利活用によるスマート社会化に関する富山市と関西電力との連携協定書、2020.2
8）OECD：グリーン成長スタディ「コンパクトシティ政策」、2012.9

付録：コンソーシアムの記録

①「高齢化社会における交通と健康モニタリングシステムの研究開発コンソーシアム（Toyama IT System for Transport and Health：TITH）」構成団体

コンソーシアムは、以下の15者で構成されていた。

表2.13　コンソーシアム構成団体

構成団体	業種	参画日
京都大学 交通政策研究ユニット	学術・研究機関	2015年4月
株式会社インテック	IT関連企業	2015年4月
株式会社立山システム研究所	IT関連企業	2015年4月
株式会社アイペック	IT関連企業	2015年4月
株式会社日建設計総合研究所	都市計画コンサルタント	2015年4月
西日本電信電話株式会社	IT関連・通信技術企業	2015年4月
株式会社シティプランニング	都市計画コンサルタント	2015年4月
株式会社ジイケイ京都	工業デザイン企業	2015年4月
合同会社京都まちづくり交通研究所	まちづくり・交通事業者	2015年4月
富山地方鉄道株式会社	交通事業者	2015年8月
株式会社NTTドコモ	IT関連・通信技術企業	2015年8月
富山ライトレール株式会社	交通事業者	2015年8月
富山大学 都市政策支援ユニット	学術・研究機関	2016年7月
株式会社プレックス	計測機器製造企業	2016年7月
株式会社新日本コンサルタント	都市交通コンサルタント	2017年6月

※2015年4月28日に運営協議会が開催され、「高齢化社会における交通と健康モニタリングシステムの研究開発コンソーシアム 規約」を制定した。上記構成メンバーは、規約で定められた「共同事業者」の位置づけである。
※コンソーシアム研究会には、富山市 活力都市創造部 中心市街地活性化推進課がオブザーバーとして参画している。
　また、ＮＴＴアドバンステクノロジ株式会社、ＮＴＴサービスエボリューション研究所が、ＮＴＴグループの一員として参画している。

②研究会開催状況

本調査研究の遂行にあたり、研究会を以下の通り開催した

	日 程	議 題
第1回	2015年 4月7日（火）	・出席者紹介 ・本研究開発事業の概要
第2回	2015年 5月11日（月）	○各社からの情報提供、提案 ・業務の進め方について ・お出かけ定期券のデータ等について ・高齢者健康増進端末機研究開発事業～類似事例等調査 ・高齢者健康増進端末の研究開発事業の進め方について ・端末要求仕様の大枠とシステム全体イメージについて ・デバイスについて ・交通機関案内（サイネージ）と高齢者健康端末機を利用したシステム 　の提案 ・プロジェクトのアイデアとデザインについて ○その他 ・共有ドライブについて
第3回	2015年 6月10日（水）	○事務局からの報告・確認 ・契約手続きについて ・スケジュールの再確認 ・成果物のイメージ ・業務担当社一覧 ○各社からの情報提供、提案 ・富山市の現状把握 ・効果検証項目の検討 ・端末機器の評価 ○その他 ・共有ドライブについて ・今後の研究会日程
第4回	2015年 7月1日（水）	○各社からの情報提供、提案 ・端末機器の選定について ○その他 ・今後のスケジュールの確認
第5回	2015年 7月27日（月）	○報告 ・機種選定について ○各社からの情報提供、提案 ・「高齢者健康増進端末機開発計画検討業務」報告書について ・プロジェクトのデザインとアイデアについて ・高齢者の端末機の活用シーン想定と必要機能の検討 ○その他 ・今後のスケジュールの確認 ・メーリングリストの確認
第6回	2015年 8月21日（金）	○各社からの情報提供、提案 ・端末機について ・付加価値の検討、提案内容について 　（調査検討の提案、付加価値機能・システムの提案） ○その他 ・今後のスケジュールの確認
第7回	2015年 10月6日（火）	○各社からの情報提供、提案 ・基本システム、付加価値機能について ・端末のデザインについて ・事業効果検証・調査検討について ○その他 ・今後のスケジュールの確認

第8回	2015年 10月30日 (金)	○各社からの情報提供、提案 ・基本システム、付加価値機能について ・本プロジェクトのデザインについて ・事業効果検証・調査検討について ○その他 ・今後のスケジュールの確認
第9回	2015年 12月11日 (金)	○各社からの情報提供、提案 ・基本システム、付加価値機能について ・本プロジェクトのデザインについて ・事業効果検証・調査検討について ○その他 ・今後のスケジュールの確認 ・成果品等の確認
第10回	2016年 1月14日 (木)	○各社からの情報提供、提案 ・おでかけっちについて ・報告書について ○その他 ・今後のスケジュールの確認
第11回	2016年 6月21日 (火)	○各社からの情報提供、提案 ・今年度の研究会およびプロジェクトについて ・端末アプリ：のぼらんまいけと取得データについて ・調査・分析項目 ○その他 ・今後のスケジュールの確認
第12回	2017年 1月20日 (金)	○各社からの情報提供、提案 ・今年度の調査結果のご報告 ・次年度以降の展開 ・規約の改定
第13回	2017年 7月28日 (金)	○各社からの情報提供、提案 ・今年度の研究会およびプロジェクトについて ・今年度の調査について ・分析項目について ○その他 ・コンソーシアムメンバーの追加 ・今後のスケジュールの確認
第14回	2018年 2月23日 (金)	○各社からの情報提供、提案 ・今年度の調査結果のご報告 ・次年度以降の展開
第15回	2018年 6月20日 (水)	○各社からの情報提供、提案 ・昨年度までの調査結果報告 ・今年度の調査の進め方 ○その他 ・コンソーシアムメンバーの追加
第16回	2019年 1月30日 (水)	○各社からの情報提供、提案 ・今年度の調査結果のご報告 ・次年度以降の研究
第17回	2019年 5月8日 （水)	○各社からの情報提供、提案 ・昨年度までの調査結果報告 ・今年度の調査の進め方
第18回	2020年 3月10日 (火)	○各社からの情報提供、提案 ・今年度の調査結果のご報告 ・5年間の研究成果のとりまとめ

3章

公共交通を使うと
高齢者はたくさん歩くのか?

3.1 高齢者の歩数と外出行動データを用いたおでかけ定期券 の効果分析 ──2016年度高齢者交通行動調査の概要──

　公共交通を使うと高齢者は本当にたくさん歩くのだろうか？ また、たくさん歩くといっても、どれくらいたくさん歩くのだろうか？ おそらく読者の皆さんはこういった疑問をお持ちになっているだろう。

　この章では、高齢者を対象とした交通行動調査の結果を用いて、高齢者の実際の外出行動ならびに日常生活における歩数を把握・分析することによって、これらの疑問に対して定量的にお答えしていくことにしよう。

　ここでは、まず、分析の際に用いる高齢者の歩数と外出行動データを収集するために実施した高齢者を対象とした交通行動調査について概説することとする。

　2章で述べたように、2015年度に開発・製作した高齢者健康増進端末機「おでかけっち」（図3.1、以下「端末機」）を用いて、富山市内在住の65歳以上の高齢者を対象に全地球測位システム（Global Positioning System：GPS）によるGPS（位置情報）データ等から交通行動や移動経路、まちなかにおける滞在時間、歩数等を1ヶ月の長期にわたり調査した。今回のプロジェクトの大きな目的の一つは、富山市が高齢者向けに発行している「おでかけ定期券」による健康増進効果を計測することであることから、調査は、おでかけ定期券所有者と非所有者を対象として実施した。

　2016年の調査時点における富山市の65歳以上の高齢者人口は11万7,846人で、そのうち「おでかけ定期券所有者」は18.9％の2万2,240人、「おでかけ定期券非所有者」は81.1％の8万5,606人であった。調査対象者は、おでかけ定期券所有者と非所有者とがほぼ同数となるよう、居住地区や性別のバランスを考慮して無作為に抽出した。抽出した方々に、調査協力依頼文を送付し（図3.2に調査協力のお願い）、調査協力に対する同意が得られた高齢者1,440人を調査対象とした。

　調査に同意いただいた上記の1,440人の高齢者の方々に端末機配布のご案

内を送付し、最寄りの地区センター等にお越しいただき、端末機と併せて取扱いマニュアル、アンケートを配布した。調査期間は、2016年10月1日（土）から31日（月）の1ヶ月間とし、調査期間になると自動的にデータを

調査に使う端末機

調査にご協力いただける方に「おでかけっち」をお渡しします。首から提げるなど毎日持ち歩いていただくだけで、自動的にデータを取得します。取得する主なデータは、「位置情報」と「歩数」です。

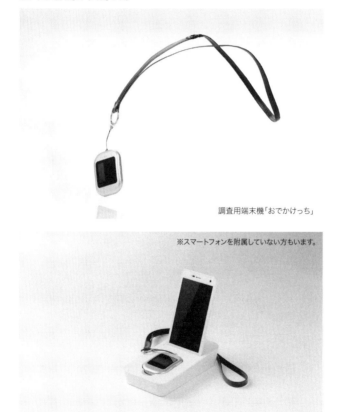

調査用端末機「おでかけっち」

※スマートフォンを附属していない方もいます。

「おでかけっち」充電台

図3.1　調査に使用した端末機

収集するよう設定した端末機を配布した。協力者には調査期間中、家にいるときも常に端末機を首から提げて携行していただくよう依頼し、調査を実施した。端末機によって収集したデータは、GPSによる位置情報、1時間ごとの累計歩数、端末機の携行時間等である。また、調査に同意をいただく際に、おでかけ定期券所有者については、併せて、おでかけ定期券の申込情報とおでかけ定期券（ICカード）の利用状況を取得し分析に活用することに同意をいただいている。

　端末機を受け取りに来られなかった方や途中で調査の継続が困難になった方がおられたため、最終的に調査期間終了後、端末機を回収した高齢者は1,268人であった。その内訳を表3.1に示すとともに、その居住地の分布を図3.3に示す。図3.4に示す高齢者の居住地分布と比較して、図3.3に示す調査対象者の居住地分布に特に大きな偏りはみられなかった。

　次に、端末機の不具合や、調査協力者の電源入れ忘れ、電池切れなどによって十分なデータを取得できていない場合があるため、以下に示すように、歩数データ、GPSログデータを用いて分析に用いることができる有効なデータが収集できたと考えられる「有効日」を抽出した。

①歩数データによる有効日の抽出

　歩数データは端末機が正常に作動していれば、毎時00分に1回自動的に記録されるようになっている。そこで、通常、人々が活動している時間帯であると考えられる6時から21時までの16時点のうち14時点以上歩数データが取得されている日を抽出した。

　ただし、6時から21時の歩数が1,000歩以下であり、かつ歩数が連続して7時間以上カウントされていない日については端末を携行していないと判断し、有効日から除くこととした。

②GPSログデータによる有効日の抽出

　歩数データにより抽出した日を、さらにGPSログデータによって絞り込

高齢者の交通行動調査　ご協力のお願い

　調査用端末機「おでかけっち」を使って高齢者の交通行動を調査し、本市のまちづくりに活用します。何卒ご協力いただけますようお願い申し上げます。
　下記のすべてのことに同意し調査にご協力いただける方は、同封の「参加同意書」をご記入のうえ、返信用封筒にてご返送ください。

調査の目的	高齢者の方が、 ・どのように電車やバスを使っているか ・どのようなお店や施設に行っているか などの傾向を、調査用端末機「おでかけっち」を使って調査します。
調査の期間	平成２８年１０月１日から１０月３１日まで
端末機の配布と返却	調査用端末機は地区センター等※でお渡しします。 調査終了後に地区センター等※にお返しください。 ※ご参加いただける方に後日、改めてご案内します。
データの取得	調査にご協力いただける方の、 ・位置情報（移動の軌跡）のデータ ・歩数と健康状態、端末機の携行時間のデータ ・おでかけ定期券の申込データ ・おでかけ定期券のＩＣカードデータ（バス停などで乗り降りした情報） を富山市が取得して、本市のまちづくりに活用します。
個人情報の取扱い	・個人を特定できないよう処理を施します。 ・目的を達成する範囲で、第三者に業務委託します。
費用の負担	・端末機を充電するための電気代のみご負担をお願いします。（端末機の代金は不要です） ・端末機を転売するなどしないでください。

【お問合せ】　ご不明な点やご質問等がございましたら、
　　　　　　　富山市役所 中心市街地活性化推進課
　　　　　　　電話：076-443-2054　担当：橋立（はしだて）へ

図3.2　調査協力のお願い

表3.1　2016年度高齢者交通行動調査端末機回収者

	スマートフォンあり	スマートフォンなし	計
おでかけ定期券所有者	365人	359人	724人
おでかけ定期券非所有者	269人	275人	544人
合計	634人	634人	1,268人

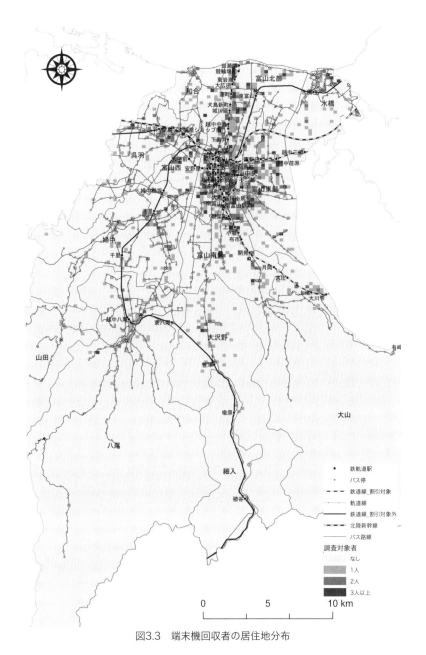

凡例

鉄軌道駅
バス停
鉄道線_割引対象
軌道線
鉄道線_割引対象外
北陸新幹線
バス路線

調査対象者
なし
1人
2人
3人以上

0 5 10 km

図3.3　端末機回収者の居住地分布

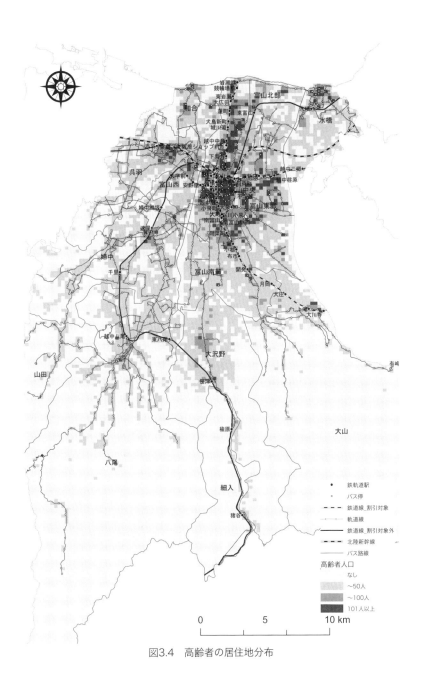

図3.4　高齢者の居住地分布

凡例:
- ● 鉄軌道駅
- ○ バス停
- ---- 鉄道線_割引対象
- …… 軌道線
- ── 鉄道線_割引対象外
- ━━ 北陸新幹線
- ── バス路線

高齢者人口
- なし
- ～50人
- ～100人
- 101人以上

0　　　5　　　10 km

地名: 岩瀬浜、競輪場前、東岩瀬、大広田、蓮町、犬島新町、城川原、越中中島、最寄ショップ前、越中三郷、富山北部、水橋、和合、呉羽、富山西、安野屋、横中越坂、小泉町、石川小泉、南富山、富山県庁、西中野、中荏原、富山東部、東富山、富山、小杉、布市、開発、月岡、大庄、上滝、大川寺、有崎、姉中、千里、越中山田駅、東八尾、大沢野、笹津、山田、八尾、楡原、細入、猪谷、大山、富山南部

み、有効日を抽出した。ただし、外出しない日の場合、記録されるGPSログデータ数は端末の作動状況のみでなく、家屋内のGPS受信状況に依存するため、外出日と非外出日それぞれについて、抽出方法を定めた。外出日の判定は、GPSの誤差や家屋の大きさを考慮して居住地より125m以上離れた状態が15分以上継続して観測された日を外出日とすることとした。

(i) 外出日の場合

今回の調査では、端末機のバッテリーの容量を考慮し、GPSデータの取得間隔を、歩行時は10秒に1回、それ以外では5分に1回と設定していることを踏まえ、外出時に5分に1回以上GPSデータが記録されている日を有効日とした。

(ii) 非外出日の場合

屋内のGPS受信状況によっては、データが全く取得されないことが起こり得る。したがって、1日の歩数が1,000歩未満であり、外出していないと推測される日については、GPSログデータ数にかかわらず有効日とした。一方、1日の歩数が1,000歩以上であり、外出している可能性があると考えられる日については、GPSログデータ数が100以上である日を有効日とした。

今回の調査では、一定期間以上のデータが取得できたサンプルを分析対象として用いることとし、上述の方法で決定した有効日が7日以上の調査対象者を分析対象者とした。2016年の調査における分析対象者数は736人（調査対象者数1,268人の58.0%）となった。表3.2に分析対象者の属性を示す。表3.2に示すように、男性の割合が高く、また、定期券所有者の方が年齢層がやや高くなっているものの、全体として、分析に必要なサンプルは充分得ることができている。

さらに、今回の調査では、おでかけ定期券を所有している高齢者の公共交通利用状況を、より詳細に把握するために、おでかけ定期券の利用履歴が記録されているICカードデータを、調査協力者の同意を得た上で入手し分析することとした。入手したICカードデータの概要を表3.3に示す。なお、利用履歴が記憶されるのは、おでかけ定期券が利用できる「富山地方

鉄道バス路線」「富山地方鉄道鉄道線」「富山地方鉄道市内電車」「富山ライトレール線」「富山ライトレールフィーダーバス」「まいどはやバス」である。得られたICデータはカードID番号を用いて、端末機から抽出したデータと関連付けた上で分析に用いている。

表 3.2　2016年度高齢者交通行動調査 分析対象者の属性

		おでかけ定期券所有者	おでかけ定期券非所有者
計		462人	305人
性別	男性	314人 68.0%	213人 69.8%
	女性	148人 32.0%	92人 30.2%
年齢	65〜69歳	95人 20.6%	107人 35.1%
	70〜74歳	116人 25.1%	103人 33.8%
	75〜79歳	133人 28.8%	49人 16.1%
	80〜84歳	89人 19.3%	28人 9.2%
	85歳以上	29人 6.3%	18人 5.9%

表 3.3　入手したICカードデータの概要

データ項目	データ内容
カードID番号	0〜9、A〜Fの16桁の文字列
乗車日・時刻	乗車日（例：20161001）、乗車時刻（例：15:06）
乗車駅・停留所	停留所番号・停留所名、例：0101 富山駅前 市内電車の場合は記録なし
降車日・時刻	乗車日（例：20161001）、降車時刻（例：15:20）
降車駅・停留所	停留所番号・停留所名、例：0101 富山駅前
系統名	系統番号・系統名 020022 猪谷（猪谷—笹津—富山）
運賃	例：200
割引後運賃	例：-100

3.2 おでかけ定期券を持っている高齢者の歩数は1日約300歩多い

　おでかけ定期券所有の有無によって歩数を比較する前に、まず、高齢者の歩数の分布状況をみてみることにしよう。図3.5に前期高齢者・後期高齢者別の一日平均歩数の分布を示す。図3.5に示すように、前期高齢者については一日平均歩数が1,000歩未満の方が全体の4.3%にとどまっているのに対して、後期高齢者では、16.8%と高い割合となっている。一方、一日平均歩数が6,000歩以上の方の割合をみてみると、6,000歩以上7,000歩未満、7,000歩以上8,000歩未満、8,000歩以上9,000歩未満、1万歩以上の比較的歩数の多いカテゴリーにおいて、前期高齢者の割合が後期高齢者の割合と比較して約1.71〜1.86倍高くなっている。平均歩数でみてみても、高齢者全体の平均歩数が4,495.3歩であるのに対して、前期高齢者は5,044.1歩、後期高齢者は3,827.4歩と約1,200歩の差があり、年齢により一日平均歩数に大きな差がみられる結果となった。

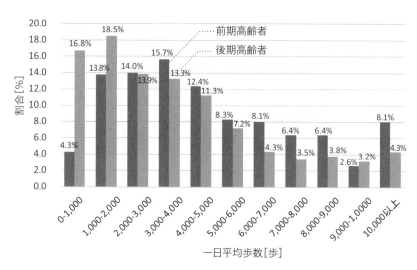

図3.5　前期高齢者・後期高齢者別一日平均歩数の分布

1章でも述べたように、2013年に厚生労働省より告示された健康日本21（第二次）[1]においては、65歳以上の高齢者の日常生活における歩数について、男性7,000歩、女性6,000歩が目標値として定められている。また、厚生労働省の「国民健康・栄養調査報告[2]」によると2017年現在の65歳以上の高齢者の日常生活における歩数は、男性で5,597歩、女性で4,726歩となっており、今回の調査結果は、これらの値を比較するとやや少ない値となっている。少し古い数字であるが、富山高岡広域都市圏第3回パーソントリップ調査[3]によると、1999年の富山市の自動車分担率は約7割と、全国の中核都市圏の中でも特に高い値となっており、こうしたことが今回の調査結果の一つの要因であると考えられる。

　次に、おでかけ定期券所有の有無によって高齢者の歩数を比較してみよう。前期高齢者について比較したものを図3.6に、後期高齢者について比較したものを図3.7にそれぞれ示す。図3.6に示すように、前期高齢者については、一日平均歩数が2,000歩未満の方の割合は、おでかけ定期券非所有者に

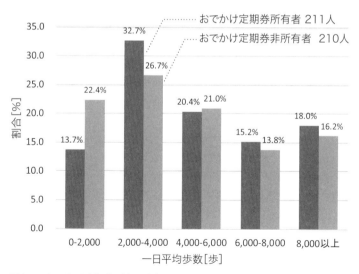

図3.6　おでかけ定期券所有の有無による一日平均歩数の比較（前期高齢者）

ついては、22.4%であるのに対して、おでかけ定期券所有者では13.7%に留まっている。一方、8,000歩以上歩いておられる方の割合は、おでかけ定期券所有者18.0%、非所有者で16.2%と、おでかけ定期券所有者の割合が若干高くなっている。後期高齢者についても、図3.7に示すように、一日平均歩数が2,000歩未満の方の割合は、おでかけ定期券所有者については31.9%であるのに対して、おでかけ定期券非所有者では、44.2%と10%以上高くなっている。一方、8,000歩以上歩いておられる方の割合は、おでかけ定期券所有者で12.7%、非所有者で7.4%と、おでかけ定期券所有者の割合が高く、前期高齢者と比較しても所有者と非所有者の歩数の差は大きくなっている。

　ここで、高齢者にとっての身体的な健康維持、病気・病態予防のために基準となる歩数は一日平均8,000歩であるとの既往研究[4]を踏まえて、一日平均8,000歩以上歩く方の割合について、おでかけ定期券所有者と非所有者の間で差があるか否かを統計的に検証してみよう。このような検証は統計的検定と呼ばれており、各種データを用いた定量的な分析において、さまざまな場面で広く用いられている手法である。統計的検定について、もう少し詳しく知りたい方は章末のコラム2を参照していただきたい。

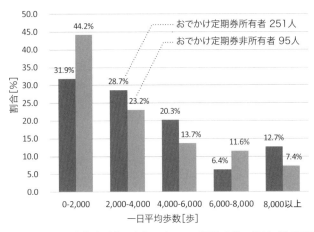

図3.7　おでかけ定期券所有の有無による一日平均歩数の比較（後期高齢者）

ここでは、先程述べたように、一日平均8,000歩以上歩く方の割合におでかけ定期券所有者と非所有者の間で差があるか否かを検証するため、統計的検定の中でも、「母比率の検定」という方法を用いる。一日平均8,000歩以上歩く方の割合、すなわち、比率が、おでかけ定期券所有者と非所有者の間において等しいか否かを検定するのである（詳しくは章末のコラム3を参照）。検定の結果、後期高齢者では、有意水準10％で定期券所有者の比率の方が大きいという結果となった。この結果は、おでかけ定期券所有者と非所有者について、実際には両カテゴリーの一日平均8,000歩以上歩く方の割合には差がみられるが、もし両者の割合が等しいと仮定したときに、このように両カテゴリーの割合に差がみられる確率は10％以下であり、非常に稀な事象が発生しているということを意味している。そのため、こうした非常に稀な事象が発生していると考えるより、そもそもの両者の割合が等しいという仮定が誤りであり、両カテゴリーの一日平均8,000歩以上歩く方の割合には差があるという結論となるのである。
　続いて、年齢層別におでかけ定期券所有の有無によって一日平均歩数を比較したものを図3.8に示す。なお、図3.8において全体とは、各年齢層の

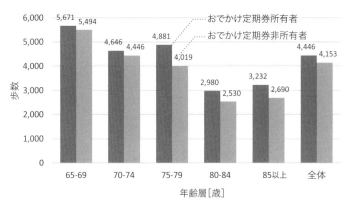

図3.8　年齢層別おでかけ定期券所有の有無による一日平均歩数の比較

歩数をおでかけ定期券所有者・非所有者の実際の構成割合を用いて加重平均したものである。おでかけ定期券所有の有無によって、歩数の差が最も大きいのは75〜79歳の年齢層で、おでかけ定期券所有者の方が非所有者と比較して約20％、一日平均約860歩多く歩いているとの結果となっている。次いで、85歳以上、80〜84歳の年齢層で歩数に差がみられ、おでかけ定期券所有の有無による歩数の差は、80歳以上の高年齢層で大きくなる傾向にある。また、全体でも一日平均約300歩の差がみられる結果となっている。1日約300歩の差というと少なく感じられる方もおられるかもしれないが、この差は、外出する日もしない日も、おでかけ定期券による公共交通の運賃割引を受けられる中心市街地を訪れる日も訪れない日も含めた毎日の平均歩数の差であることを考慮すると決して小さな値ではないといえよう。

　ここで、前期高齢者および後期高齢者それぞれについて、おでかけ定期券所有者と非所有者の間で一日平均歩数の平均値に差があるか否かを統計的に検証してみよう。先程と同じように、統計的検定を用いるのであるが、先程と異なり、ここでは平均値に差があるか否かを検証するため、「母平均の検定」という方法を用いる。「母平均の検定」についてもう少し詳しく知りたい方は章末のコラム4を参照していただきたい。検定の結果、有意水準10％で、後期高齢者について歩数の平均値に統計的に有意な差があるとの結果となった。特定の年齢層ではあるが、統計的にみても、おでかけ定期券所有者と非所有者の間で、一日に歩く歩数に差があることが示されたわけである。さて、ここまでの分析でおでかけ定期券所有者と非所有者の間で、とくに後期高齢者において一日平均歩数に差があることが示唆されたが、そもそも、おでかけ定期券を所有している方は、所有していない方と比べてもともと活動的で外出の機会も多く、結果として平均歩数が多くなっているのではないかとの疑問を持たれる方もおられるのではないだろうか。そこで、ここでは、おでかけ定期券所有者と非所有者の外出頻度に差があるか否かを確認してみることにしよう。

　おでかけ定期券の所有の有無によって外出頻度を年齢層別に比較したも

のを図3.9に示す。図3.9に示すように、65～69歳、70～74歳、75～79歳の80歳未満の年齢層においては、おでかけ定期券の所有の有無によって外出頻度に差はほとんどみられない。また、80歳以上の年齢層においては、若干差はみられるものの、80～84歳では非所有者の方、85歳以上では所有者の方が外出頻度が高いという結果となっており、一定の傾向はみられない。全体の外出頻度の平均値についても、おでかけ定期券所有者が0.94回／日、非所有者0.95回／日と、調査対象となった高齢者は、ほぼ、一日一回外出しているものの、所有者と非所有者との間でほとんど差はなく、おでかけ定期券所有者の外出頻度が特に高いとはいえない。

　次に、おでかけ定期券による公共交通の運賃割引が受けられる中心市街地への来街頻度を比較してみよう。なお、ここでは、中心市街地周辺400m以内に居住している方々は分析対象から除いている。図3.10に示すように、65～69歳、70～74歳の75歳未満の年齢層においては、所有者と非所有者の間の来街頻度にほとんど差はみられないが、75歳以上の年齢層においては、おでかけ定期券非所有者と比較して所有者の来街頻度が1.6～4.2倍高くなっている。全体の来街頻度の平均値についても、おでかけ定期券所有

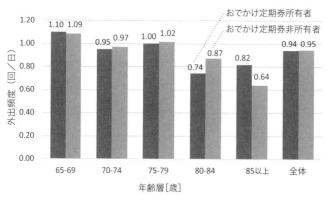

図3.9　年齢層別おでかけ定期券所有の有無による外出頻度の比較

者0.63回／週、非所有者0.51回／週と約1.2倍となっており、頻度の差はさほど大きくはないが、75歳以上の後期高齢者に限ってみると、所有者0.60回／週、非所有者0.33回／週と定期券所有者が全体の平均と同程度の頻度で中心市街地を訪れているのに対して、非所有者はおよそその半分の頻度でしか中心市街地を訪れていないことが分かる。おでかけ定期券の所有の有無による中心市街地来訪頻度の差を「母平均の検定」により検定した結果、前期高齢者、後期高齢者ともに有意な差がみられ、前期高齢者は有意水準5％でおでかけ定期券非所有者の方が来訪頻度が大きく、後期高齢者については有意水準1％で定期券所有者のほうが来訪頻度が大きい傾向が認められた。

　今度は、おでかけ定期券の所有の有無によって中心市街地への来街交通手段を比較してみよう。分析対象は、中心市街地から400m以上離れた場所に居住している方のトリップのうち、GPSによる位置データによって自宅と中心市街地との間の交通手段が特定できるトリップとした。対象となるトリップが少なくとも一つ以上ある対象者数は、定期券所有者が127人、非所有者が66人であった。前期・後期高齢者別に中心市街地来街時の交通手段分担率を比較したものを、それぞれ、図3.11、図3.12に示す。図3.11、図3.12に示すように、前期高齢者、後期高齢者とも鉄軌道とバスを合わせた公共交通の分担率は、おでかけ定期券所有者の方が非所有者と比較して、それぞれ、約2倍大きくなっている。一方、おでかけ定期券所有者の自動車・二輪・自転車の分担率は、前期高齢者で非所有者の約8割、後期高齢者で約7割に留まっている。また、「母平均の検定」の結果、公共交通の分担率は前期高齢者、後期高齢者ともに10％有意水準で、自動車等の分担率は前期高齢者、後期高齢者ともに5％有意水準で、統計的に有意な差がみられた。このように、おでかけ定期券所有の有無によって、鉄軌道やバスといった公共交通と自動車の分担率は大きく異なっており、おでかけ定期券によって公共交通の利用が促進されていることが窺われる結果となった。

　また、前期高齢者と後期高齢者の公共交通分担率を比較してみると、定期

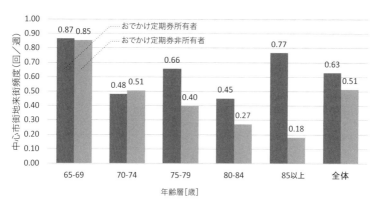

図3.10　年齢層別おでかけ定期券所有の有無による中心市街地来街頻度の比較

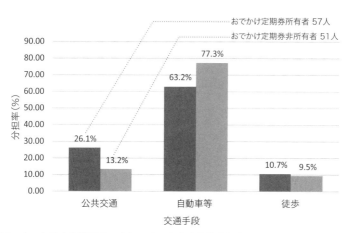

図3.11　おでかけ定期券所有の有無による中心市街地来街交通手段の比較（前期高齢者）

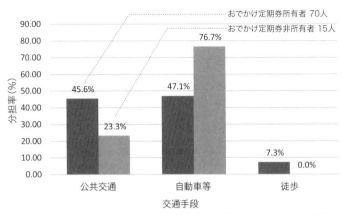

図3.12　おでかけ定期券所有の有無による中心市街地来街交通手段の比較（後期高齢者）

券所有者・非所有者とも、約1.7倍後期高齢者の方が大きくなっている。一方、自動車・二輪・自転車の分担率は、おでかけ定期券非所有者については、前期高齢者と後期高齢者の間に差はほとんどみられないが、定期券所有者について比較すると、前期高齢者が63.2%であるのに対して、後期高齢者は47.1%と約16%の差がみられ、後期高齢者と比較して前期高齢者は、中心市街地を訪れる際に公共交通以外の交通手段を高い割合で用いていることがわかる。こうした中心市街地来街時の交通手段の差が、図3.10で示したように、70〜74歳の年齢層の中心市街地への来街頻度について、おでかけ定期券非所有者の方が所有者よりも若干大きい理由の一つと考えられる。

　以上のことから、おでかけ定期券所有者と非所有者を比較すると、各年齢層において、おでかけ定期券所有者の方が非所有者と比較して一日平均歩数が3〜20%程度多くなっており、また、身体的な健康維持の基準とされている一日平均8,000歩以上歩く高齢者の割合は、後期高齢者においておでかけ定期券所有者と非所有者の間に統計的に有意な差があり、定期券所有者の方が高くなっている。おでかけ定期券は、高齢者に対して公共交通の運賃を割り引くことによって公共交通の利用促進を図るために交付され

ており、これらの結果から、公共交通の利用促進施策は、高齢者の歩数増加に寄与しており、健康増進につながっている可能性があるといえる。

　また、高齢者の外出頻度や中心市街地への来街頻度をおでかけ定期券所有者と非所有者とで比較してみると、外出頻度には大きな差はなく、特におでかけ定期券所有者がよく外出する傾向にあるとはいえない一方、中心市街地への来街頻度は、特に75歳以上の後期高齢者において、定期券所有者の方が高くなっており、おでかけ定期券事業には、公共交通運賃の割引対象となる中心市街地への来街を促す効果もあるといえる。

3.3　おでかけ定期券を利用している高齢者の歩数は1日約770歩多い

　3.2では、おでかけ定期券の所有の有無によって、高齢者の歩数に差がみられることを明らかにした。ここでは、さらに分析を進め、おでかけ定期券の利用の有無に着目して高齢者の歩数を比較することにしよう。まず、おでかけ定期券所有者のおでかけ定期券利用状況を把握するために、2016年10月1日（土）から31日（月）の1ヶ月間におけるおでかけ定期券利用日数の分布をみてみよう。図3.13に示すように、前期高齢者では、1ヶ月の調査期間中におでかけ定期券の利用による公共交通運賃の割引を受けていない方が51.7％おられ、次いで、割引を受けて公共交通を利用された日数が1日以上、3日未満の方が全体の約4分の1を占めている。一方、後期高齢者については、約37.5％の方が割引を受けて公共交通を利用されておらず、割引を受けて公共交通利用した日数が1日以上、3日未満の方が全体の約3分の1となっており、3日以上5日未満、5日以上7日未満、7日以上14日未満のいずれのカテゴリーについても、前期高齢者と比較すると後期高齢者の方がおでかけ定期券を使用して公共交通を利用されている割合が高くなっている。以上のように、おでかけ定期券を所有されていても、必ずしも割引を受けて公共交通を利用されておられるとは限らず、特に前期高齢者については、半数以上の方が1ヶ月の調査期間中に割引を受けて公共交通

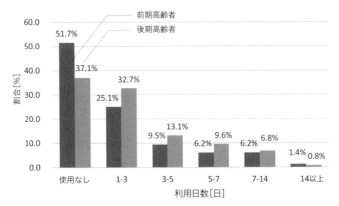

図3.13　おでかけ定期券利用日数分布

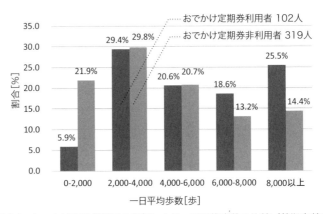

図3.14　おでかけ定期券利用の有無による一日平均歩数の比較（前期高齢者）

を利用されておられないという点に留意する必要があろう。

　以上の点を踏まえて、ここでは、おでかけ定期券を利用して運賃割引を1日でも受けて公共交通を利用された方（おでかけ定期券利用者）と、割引を受けて公共交通を利用されていない、あるいは、おでかけ定期券を所有していない方（おでかけ定期券非利用者）に分類し、それぞれのカテゴリーに属する方々の一日の平均歩数を比較することにする。図3.14に示すように、前期高齢者については、一日平均歩数が2,000未満の方の割合は、おでかけ定期券非利用者については、21.9％であるのに対して、おでかけ定期券利用者については5.9％と著しく低くなっている。一方で、おでかけ定期券利用者の25.5％、すなわち、全体の4分の1の方々が毎日8,000歩以上歩いておられ、非利用者の14.4％と比較してもその割合は10％以上大きくなる結果となった。後期高齢者については、図3.15に示すように、一日平均歩数が2,000歩未満の方の割合は、おでかけ定期券非利用者については、41.5％であるのに対して、おでかけ定期券利用者では27.8％と10％以上低くなっている。一方、8,000歩以上歩いておられる方の割合は、おでかけ定期券利用者で13.9％、非利用者で9.0％と、おでかけ定期券所有者の割合が高くなっているものの、前期高齢者と比較すると利用者と非利用者の差は小さくなっている。

　ここで、おでかけ定期券の利用の有無によって1日8,000歩以上歩く人の割合に差があるかを検証するために、おでかけ定期券の所有の有無による比較と同様に、「母比率の検定」を行った。その結果、前期高齢者では有意水準1％で、後期高齢者では有意水準10％で両者の割合に統計的に有意な差があり、おでかけ定期券利用者の1日8,000歩以上歩く人の割合は、おでかけ定期券非利用者よりも有意に高いことが分かった。定期券の利用の有無による比較においては、定期券の所有の有無による比較では有意な差がみられなかった前期高齢者でも有意な差がみられ、前期高齢者においてもおでかけ定期券を利用している方は、身体的な健康に寄与するといわれている1日8,000歩以上歩く人の割合が多くなることが明らかとなった。

　つづいて、年齢層別におでかけ定期券利用の有無によって歩数を比較し

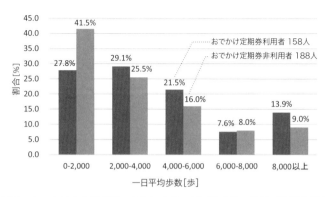

図 3.15　おでかけ定期券利用の有無による一日平均歩数の比較（後期高齢者）

たものを図3.16に示す。なお、図3.16においても図3.8と同様に、全体とは、各年齢層の歩数をおでかけ定期券利用者・非利用者の実際の構成割合を用いて加重平均したものである。おでかけ定期券利用の有無によって、歩数の差が最も大きいのは85歳以上の年齢層で、おでかけ定期券利用者の方が非利用者と比較して70%以上、約1,630歩多く歩いているとの結果となっている。次いで、70〜74歳の年齢層で歩数に大きな差がみられ、おでかけ定期券利用の有無による歩数の差は、全体でも一日平均約770歩となっており、所有の有無による差と比較して倍以上の差が出る結果となっている。これは、実際に公共交通を利用して中心市街地を訪れることによる歩行量の差が非常に大きなものであることを示す結果であるといえる。

　ここで、前期高齢者、後期高齢者別に、おでかけ定期券利用者と非利用者の間で一日平均歩数の平均値に差があるか否かを統計的に検証してみよう。「母平均の検定」の検定の結果、有意水準1%で、前期高齢者、後期高齢者それぞれについて歩数の平均値に統計的に有意な差があるとの結果となった。これは、統計的にみても、おでかけ定期券利用者と非利用者の間で、一日に歩く歩数に差があることを示しており、おでかけ定期券の所有の有無の場合と比較しても、利用の有無の方がより顕著に差が顕れる結果となった。

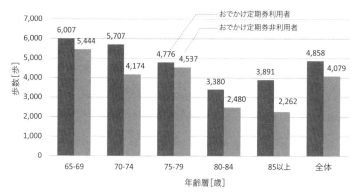

図 3.16　年齢層別おでかけ定期券利用の有無による一日平均歩数の比較

　さて、ここでも、3.2と同様に、おでかけ定期券利用の有無によって外出頻度ならびに中心市街地への来街頻度を比較してみることにしよう。

　おでかけ定期券の利用の有無によって外出頻度を年齢層別に比較したものを図3.17に示す。図3.17に示すように、おでかけ定期券の所有の有無の場合と同様に、おでかけ定期券利用の有無によっても、80歳以上の年齢層においては、おでかけ定期券利用者の方が外出頻度が高くなっているものの、80歳未満の年齢層においては、おでかけ定期券の利用の有無によって外出頻度に差はほとんどみられない。また、全体の外出頻度の平均値についても、おでかけ定期券利用者が0.95回／日、非利用者が0.93回／日とほとんど差はなく、おでかけ定期券利用者の外出頻度が特に高いとはいえない。

　次に、おでかけ定期券の利用の有無によって中心市街地への来街頻度を年齢層別に比較したものを図3.18に示す。全ての年齢層において、おでかけ定期券非利用者と比較して利用者の方が中心市街地を訪れる頻度が高くなっている。特に85歳以上では、利用者の来街頻度が約6.7倍高いという結果となった。また、全体の平均値を比較しても、おでかけ定期券利用者0.84回／週、非利用者0.45回/週と利用者の来街頻度が2倍近く高くなっている。また、前期高齢者、後期高齢者それぞれについて、来街頻度の平均値

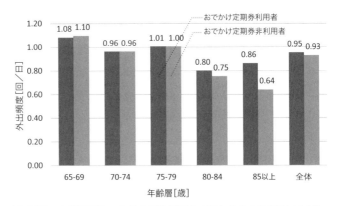

図 3.17　年齢層別おでかけ定期券利用の有無による外出頻度の比較

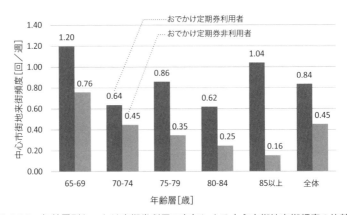

図 3.18　年齢層別おでかけ定期券利用の有無による中心市街地来街頻度の比較

について「母平均の検定」を行った結果、前期高齢者、後期高齢者ともに有意水準1％で有意な差がみられた。このように、おでかけ定期券の利用の有無についても、両者の間に外出頻度については大きな差はみられないものの、中心市街地への来街頻度に関しては、おでかけ定期券利用者の来街頻度の方が非利用者と比較して高くなっている。また、おでかけ定期券所有の有無による差と比較しても、利用の有無による差の方が、より顕著であり、中心市街地への公共交通運賃を割り引くおでかけ定期券事業により、高齢者の中心市街地への来街が促進されていることが窺える。

つづいて、3.2と同様に、おでかけ定期券の利用の有無によって中心市街地への来街交通手段を比較してみよう。対象となるトリップが少なくとも一つ以上ある対象者数は、定期券利用者が93人、非利用者が100人であった。前期・後期高齢者別に中心市街地来街時の交通手段分担率を比較したものを、それぞれ、図3.19、図3.20に示す。

図3.19、図3.20に示すように、前期高齢者、後期高齢者とも鉄軌道とバスを合わせた公共交通の分担率は、おでかけ定期券利用者の方が非利用と比較して、それぞれ約3倍高くなっている。また、おでかけ定期券利用者の自動車・二輪・自転車の分担率についても、前期高齢者で非利用者の約7割、後期高齢者で約6割に留まっており、定期券所有の有無の場合と比較して、より公共交通を利用した中心市街地への訪問が多くなっていることが明らかとなった。また、「母平均の検定」の結果、前期高齢者、後期高齢者ともに、公共交通および自動車・二輪・自転車の分担率について、おでかけ定期券の利用の有無により有意水準1％で統計的に有意な差がみられた。

以上のことから、おでかけ定期券利用者と非利用者を比較すると、各年齢層において、おでかけ定期券利用者の方が非利用者と比較して一日平均歩数が約5〜70％程度多く、全体でみても約20％程度、約770歩多くなっており、前期高齢者、後期高齢者ともに一日平均歩数に統計的にも有意な差がみられた。

また、身体的な健康維持の基準とされている一日平均8,000歩以上歩く高齢者の割合は、おでかけ定期券利用者と非利用者の間に統計的に有意な差

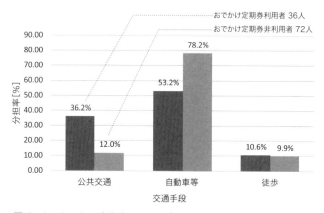

図 3.19　おでかけ定期券利用の有無によるおでかけ定期券利用者

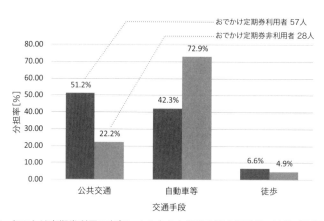

図 3.20　おでかけ定期券利用の有無による中心市街地来街交通手段の比較（後期高齢者）

があり、前期高齢者、後期高齢者ともに、おでかけ定期券利用者の方が、8,000歩を上回る割合が統計的に有意に高いという結果となった。

　さらに、高齢者の外出頻度や中心市街地への来街頻度をおでかけ定期券利用者と非利用者とで比較してみると、定期券所有の有無と同様、外出頻度には大きな差はなく、特におでかけ定期券利用者がよく外出する傾向にあるとはいえない一方、中心市街地への来街頻度は、前期高齢者、後期高齢者ともに、定期券利用者の方が高く、また公共交通の分担率についてもおでかけ定期券利用者の方が高く、公共交通運賃の割引対象となる中心市街地への来街を促す効果があることが分かった。

　これまでの分析結果を踏まえると、高齢者の公共交通運賃を割り引くおでかけ定期券事業によって、まずは、高齢者におでかけ定期券を持ってもらうことが重要であるといえる。そして、定期券を持つことにより、少しでも定期券を実際に利用して中心市街地を訪れてもらうことによって、高齢者が日常生活においてより多く歩くようになっていることが明らかとなった。ここで明らかとなったおでかけ定期券による高齢者の歩数の増加が、高齢者の医療費にどのような影響を及ぼしているのかについては、次の4章で明らかにすることにしよう。

3.4　おでかけ定期券を持っている高齢者の中心市街地での滞在時間は1ヶ月当たり約85分長い

　3.2ならびに3.3における分析で、おでかけ定期券の所有や利用の有無によって高齢者の中心市街地への来街頻度に差が生じていることが明らかとなったが、中心市街地を訪れた高齢者の中心市街地での行動は異なるのであろうか？

　ここでは、まず、おでかけ定期券の所有の有無による中心市街地における滞在時間の違いについてみてみよう。年齢層別に訪問1回当たりの中心市街地での滞在時間を比較したものを図3.21に示す。図3.21に示すように、65〜69歳については、所有者の方の滞在時間が2割程度短くなっているも

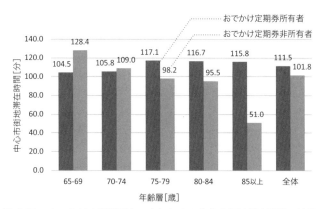

図 3.21　おでかけ定期券所有の有無による中心市街地滞在時間の比較

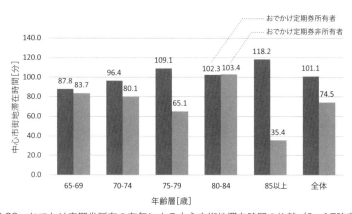

図 3.22　おでかけ定期券所有の有無による中心市街地滞在時間の比較（9〜17時来訪）

のの、75〜84歳においては、逆に所有者の方の滞在時間が2割程度長くなっている。全体の滞在時間の平均値についても、おでかけ定期券所有者が111.5分、非所有者が101.8分と10分弱、1割程度定期券所有者の方が滞在時間が長くなっている。訪問1回あたりの滞在時間について「母平均の検定」を行った結果、後期高齢者において10％有意水準で有意な差がみられた。次に、おでかけ定期券の効果を把握するために、おでかけ定期券を利用できる9時以降に中心市街地に来訪し、17時よりも前に中心市街地外に退出したときの中心市街地における訪問1回当たりの滞在時間を比較する。年齢層別に比較したものを図3.22に示す。図3.22に示すように、80〜84歳では1分おでかけ定期券非所有者の方が長いものの、ほかの年齢層ではおでかけ定期券所有者の方が滞在時間は長く、とくに75〜79歳では44分、85歳以上では83分長くなっている。全体の滞在時間の平均値についても、おでかけ定期券所有者が101.1分、非所有者が74.5分と約25分、定期券所有者の方が訪問1回当たりの滞在時間が長くなっている。また、訪問1回当たりの滞在時間について「母平均の検定」を行った結果、後期高齢者においておでかけ定期券所有者と非所有者との間で、1％有意水準で有意な差がみられた。さらに、3.3における分析結果から、おでかけ定期券の所有の有無により、中心市街地への外出頻度にも違いがあることから、これらを併せて考慮すると、1ヶ月当たりの滞在時間は、おでかけ定期券所有者が182.5分、非所有者が97.1分と、約85分程度おでかけ定期券所有者の滞在時間が長くなる結果となっている。

　つづいて、おでかけ定期券の利用の有無別に中心市街地における訪問1回当たりの滞在時間を比較した結果を図3.23に示す。70〜74歳では利用者が125.7分、非利用者が97.2分と28分長くなっている。他の年齢層においても、全ておでかけ定期券利用者の方が非利用者と比較して滞在時間が長くなっている。全体の滞在時間の平均値は、おでかけ定期券利用者が118.3分、非利用者が103.0分と約15分、定期券利用者の方が滞在時間が長くなっている。訪問1回当たりの滞在時間について「母平均の検定」を行った

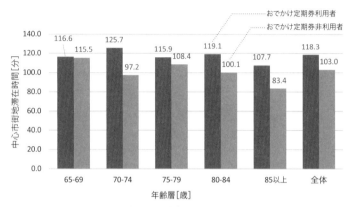

図 3.23　おでかけ定期券利用の有無による中心市街地滞在時間の比較

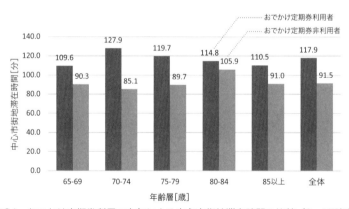

図 3.24　おでかけ定期券利用の有無による中心市街地滞在時間の比較（9〜17時来訪）

結果、前期高齢者においておでかけ定期券利用者と非利用者との間で、5％有意水準で有意な差がみられた。

　また、9〜17時の来訪に着目すると、図3.24に示すように、70〜74歳では利用者が127.9分、非利用者が85.1分と利用者の方が42分長くなっている。また、全体の滞在時間の平均値についても、おでかけ定期券利用者が117.9分、非利用者が91.5分と約25分、定期券利用者の方が訪問1回当たりの滞在時間が長くなっている。「母平均の検定」の結果、前期高齢者、後期高齢者ともにおでかけ定期券利用者と非利用者との間で、訪問1回当たりの滞在時間に有意水準1％で有意な差がみられた。さらに、中心市街地への外出頻度の違いを考慮した1ヶ月当たりの9〜17時の来訪の滞在時間をおでかけ定期券の利用の有無により比較すると、利用者が289.2分、非利用者が107.8分と、約180分程度おでかけ定期券利用者の滞在時間が長くなっており、定期券の所有の有無で比較したときよりも滞在時間の差がより大きくなっている。

　次に、実際に高齢者が中心市街地のどの辺りを訪問されているのか、訪問先におでかけ定期券所有の有無によって差があるのかをみてみることにしよう。ここで、訪問先とは、125m圏内に10分以上滞在した地点である。定期券所有者・非所有者それぞれについて、外出先を訪問回数別に地図上に図示したものを図3.25、図3.26に示す。図3.25、図3.26に示すように、定期券所有者、非所有者とも、中心市街地の北側に位置する富山駅周辺ならびに南側に位置するグランドプラザ周辺への訪問が多くなっている。しかし、非所有者の訪問先は、富山駅・グランドプラザ周辺の狭い範囲に留まっているのに対して、定期券所有者の訪問先は、富山駅やグランドプラザの周辺の広範囲に広がっており、定期券所有者の方が中心市街地における行動範囲が広いことが窺える。このような違いが3.2で明らかにした両者の歩数の差にも顕れたものと考えられる。また、こうした中心市街地における滞在時間ならびに訪問先の違いは、中心市街地の賑わいや活性化に対して少なからず影響を及ぼしていると考えられる。この点については、5

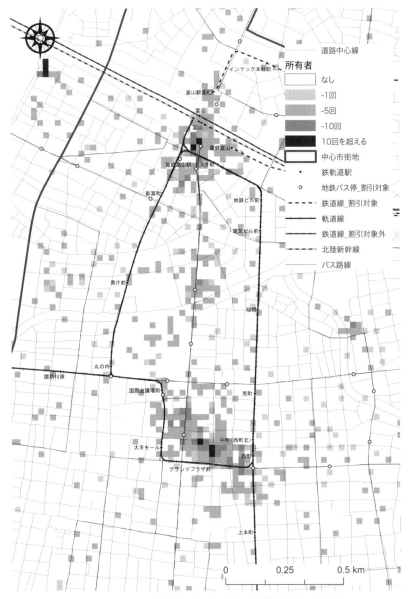

図 3.25　おでかけ定期券所有者の中心市街地における外出先

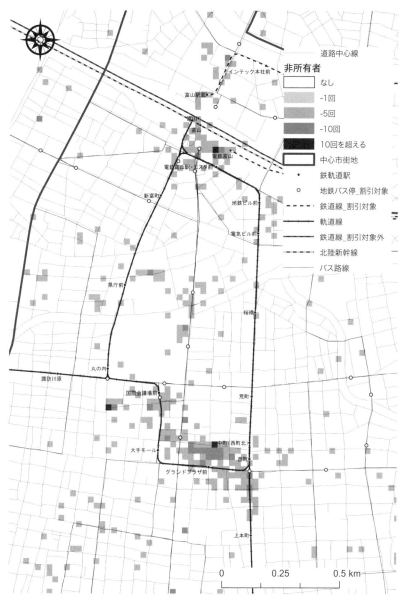

図 3.26　おでかけ定期券非所有者の中心市街地における外出先

章で明らかにすることにしよう。

　以上の分析によって得られた知見を、再度、下記にまとめておこう。

　まず、おでかけ定期券所有者と非所有者の間で、一日平均歩数は約300歩定期券所有者の方が多くなっており、特に、高齢者にとって身体的な健康維持、病気・病態予防のための基準となる一日平均8,000歩以上歩いている方の割合は、後期高齢者において定期券所有者の方が非所有者の方に比べて統計的に有意に高いことが明らかとなった。さらに、実際におでかけ定期券を1ヶ月の調査期間中に1回以上利用して公共交通の運賃割引を受けている方と受けていない方とを比較すると、一日平均歩数の差は770歩と、より大きな差が出るという結果となった。特に、高齢者にとって身体的な健康維持、病気・病態予防のための基準となる一日平均8,000歩以上歩いている方の割合は、前期高齢者、後期高齢者とも、定期券利用者の方が非利用者に比べて統計的に有意に大きくなることが明らかとなった。

　また、おでかけ定期券所有者と非所有者、あるいは、利用者と非利用者の間で外出頻度を比較すると、特に大きな差はみられない一方で、中心市街地の来街頻度や滞在時間については、定期券所有者・利用者の方が、非所有者・非利用者の方と比較して、それぞれ高く、長くなっており、これらのことが、定期券所有者・定期券利用者の歩数が多くなる一つの要因となっていると考えられる。

　以上、本章では、おでかけ定期券の所有者・利用者の方が日常生活において多く歩き、また、中心市街地への来街頻度が高く、滞在時間も長いことを明らかにした。引き続き4章では、おでかけ定期券を使って公共交通を利用することによって高齢者は元気になるのかについて、また、5章では公共交通の利用が中心市街地の賑わいをもたらすのかについて分析を進めていくことにしよう。

コラム 2 統計的検定とは（有意水準）

　2つのグループ間の平均値の大小関係など、ある現象の特性を明らかにしたいとしよう。現象の対象となる全てのデータを取得するのが理想ではあるが、実際は労力の都合上、抽出したサンプルについて、データを観測することになる。統計的検定とは、この観測されたデータから分析者が明らかにしたい仮説を検証する方法の一つである。

　統計的検定では仮説を直接検証するのではなく、分析者が示したい仮説に対して対立する仮説（帰無仮説）を立てる。そしてその帰無仮説に対し、観測されたデータがどの程度矛盾しているといえるのかを検証することで、帰無仮説が誤りであり分析者が明らかにしたい仮説が正しいという証明ができるのかを検討するのである。

　具体的には、分析者の仮説を「A県の平均睡眠時間は7時間でない」とすると帰無仮説は「A県の平均睡眠時間は7時間である」となる。分析者の仮説が「サイコロの出目に偏りがある」であるとすると「サイコロの出目に偏りがない」が帰無仮説となる。

　帰無仮説を立てた後、データからいくつかの指標を算出し、帰無仮説が正しいとしたとき、それらの指標が観測された値よりも極端な値をとる確率（p値と呼ばれている）を算出する。この確率が有意水準（本書では1～10％）を下回るとき、帰無仮説が真であると仮定した場合にあまり起こりえない事象が生じたとみなされ、帰無仮説が誤りであると判断される（帰無仮説の棄却）。その結果、帰無仮説と対立する分析者の明らかにしたい仮説が正しいという結論が下される。

母比率の検定

　対象者数と観測された比率をもとに、比較する両者のサンプルの抽出元の集団における比率の差が等しいという帰無仮説を統計的に検定する。

　本書においては、対立仮説は「おでかけ定期券の所有者あるいは利用者の一日平均歩数が8,000歩を上回る割合は、おでかけ定期券の非所有者あるいは非利用者の一日平均歩数が8,000歩を上回る人の割合よりも大きい」としている。このように対立仮説で片方の集団の値の方が大きいか否かを検討する検定を片側検定という。

母平均の検定

　サンプルサイズ（本書の場合、対象者数）と平均値、標準偏差をもとに、比較する両者のサンプルの抽出元の集団における平均の差が等しいという帰無仮説を統計的に検定する。

　本書においては、対立仮説は「おでかけ定期券の所有あるいは利用の有無により1日平均歩数や外出頻度などに差がある」として、各指標について検定を実施している。このように対立仮説で集団の値の差があるかを検討する検定を両側検定という。

参考文献
1) 厚生労働省「21世紀における国民健康づくり運動」（健康日本21）、2020.3最終閲覧（http://www.kenkounippon21.gr.jp/kenkounippon21/about/intro/index_menu1.html）
2) 厚生労働省「平成29年国民健康・栄養調査報告」2018.12
3) 富山市「富山市公共交通活性化計画～富山市公共交通戦略～」2007.3
4) 青栁幸利・朴眩泰・朴晟鎭・唐澤伸子・安原あづさ・桑原奈緒子・篠原寛子・水出久美子・小野里悦子・伊能俊之・山田克仁・小池ゆかり・齋藤視永子・関口喜佐子「高齢者における日常的な身体活動と心身の健康：中之条研究」『保健師ジャーナル』65巻12号、2009.12

4章

公共交通を使うと高齢者の
医療費は抑制されるのか？

4.1 高齢者の歩数・医療保険データを用いたおでかけ定期券の医療費抑制効果の分析 ──2018年度高齢者交通行動調査の概要──

　公共交通を使うと高齢者は元気になるのか？　その結果、医療費を抑制することができるのか？　この章では、いよいよ本書の核心部分であるこれらの疑問にお答えしていくことにしよう。

　まず、分析の際に用いる高齢者を対象とした交通行動調査について概説することとする。3章の歩数の分析で用いた2016年度の高齢者交通行動調査に引き続き、2018年度においても、2016年度の調査と同様に、2015年度に開発・製作した高齢者健康増進端末機「おでかけっち」（以下端末機）を用いて高齢者交通行動調査を実施した。2018年度の調査では、2016年度に交通行動調査にご協力いただいた1,268人の方々のうち、亡くなられた方、市外に転居された方等を除く1,183人の方々に、再度、ご協力をお願いし交通行動調査を実施した。2018年度の調査は、2016年度に調査させていただいた同じ方々に再び調査をお願いするものであり、こうした調査手法はパネル調査と呼ばれ、経年的な変化を的確に捉えることが可能な有用な調査手法である。2018年度の調査により、2016年度の調査結果とあわせて、2年間の交通行動や歩数の経年的な変化を分析することが可能となる。

　さらに、2018年度の調査では、端末機を用いた調査へのご協力をお願いする際に、現在の健康状態や最近1ヶ月の医療費を尋ねるアンケートを実施するとともに、富山市国民健康保険、富山県後期高齢者医療制度の医療費データ（2016から2018年度分）の取得ならびに使用に対する同意の有無についても併せて確認しており、同意が得られた方々の医療費データを用いて、医療費に関する分析を行うこととした。

　端末機を用いた交通行動調査については、調査にご協力をお願いした1,183人の内、691人の方々から再度調査に同意をいただいた。同意をいただいた方々に、2016年度の調査の際と同様に端末機を配布し、調査を実施した。調査期間は、2018年9月28日（土）から10月12日（月）の2週間とし

た。最終的に端末機を回収した高齢者は644人であり、2016年度調査の分析対象者のおよそ半分の約50.8%の方々に継続的に調査にご協力いただいたことになる。

　ここで、2016年度調査に続き2018年度調査にも参加いただいた方々と辞退された方々の年齢や自動車運転免許保有状況、健康状態、2016年時点における一日平均歩数などを比較し、調査に参加いただいた方々に、分析する上で問題となるような偏りがないかを確認しておこう。表4.1に示すように、継続参加者の2016年時点の平均年齢は73.3歳であるのに対して、辞退者は75.3歳と約2歳高くなっており、継続参加者と辞退者の年齢の平均値に統計的に有意な差があるとの結果となった（3章のコラム参照）。他にも、男性の割合や、自動車運転免許保有者、自由に使える車がある人の割合、要支援・要介護認定割合、歩行補助割合、一日平均歩数、外出頻度などについて、継続参加者と辞退者の間に統計的に有意な差があることがわかった。従って、高年齢者、自動車運転免許を持っていない方、要支援・要介護認定がある方、歩行補助を必要とされる方、一日平均歩数および外出頻度が少ない方など、あまり活発に活動していない方や健康状態が良くない方ほど辞退する傾向にあると考えられる。また、男性や高齢者のみ世帯の居住者の割合についても継続参加者と辞退者の間に統計的に有意な差があることから、女性や一人暮らしの方など調査の負担を重く感じられる方が辞退する傾向にあると考えられる。一方で、おでかけ定期券所有者の割合、居住地からの都心までの距離や鉄軌道駅勢圏内に居住地がある方の割合などの居住地環境に関しては、継続参加者と辞退者の間に統計的に有意な差はなく、おでかけ定期券に関する分析については、比較可能なデータが得られていると考えられる。

　端末機によって収集したデータは、2016年度調査と同様、GPSによる位置情報、1時間ごとの累計歩数、端末機の携行時間等である。また、おでかけ定期券所有者については、申込情報と利用状況の取得・使用についての同意を改めていただいている。そして、医療費データについては、662

表 4.1　継続調査参加者と辞退者の比較（2016年時点）

	継続調査参加者	辞退者	p値*
個人属性			
年齢（歳）	73.3	75.3	0.000***
男性	73.6% (474/644)	58.0% (362/624)	0.000***
一人暮らし	8.0% (43/540)	11.8% (54/456)	0.040**
高齢者のみ世帯居住者	60.6% (327/540)	59.4% (271/456)	0.718
公共交通割引制度の利用			
おでかけ定期券所有者	59.0% (380/644)	55.1% (344/624)	0.163
自動車利用環境			
自動車運転免許保有者	84.2% (453/538)	70.2% (313/446)	0.000***
自由に使える車あり	85.5% (420/491)	75.7% (283/374)	0.000***
健康状態			
要支援・介護認定	2.8% (15/535)	7.4% (32/434)	0.001***
歩行補助あり	3.0% (16/535)	8.3% (37/448)	0.000***
居住地環境			
都心までの距離（m）	4,337	4,605	0.831
鉄軌道駅圏内（500m）	23.9% (154/644)	22.8% (142/624)	0.626
バス停圏内（300m）	58.4% (376/644)	59.1% (369/624)	0.786
最寄り鉄軌道駅運行本数 （本／日）	76	77	0.920
最寄りバス停運行本数 （本／日）	27	28	0.897
人口密度（人／km^2）	796	795	0.925
活動量			
一日平均歩数	4,709	4,242	0.0178**
外出頻度（日／月）	24.2	22.9	0.0443**
中心市街地訪問頻度 （日／月）	2.5	2.5	0.4647

*** : p<0.01,　** : p<0.05,　* : p<0.1

＊：3章コラム2参照

人の方々（うち、2016年度、2018年度交通行動調査参加者：618人、2016年度
交通行動調査参加者〔2018年度交通行動調査参加辞退者〕：44人）から取得・使
用についての同意をいただいた。

4.2　高齢者の歩数は2年の間にどのように変化したのか？

　おでかけ定期券事業による医療費抑制効果を計測する前に、2016年度調
査ならびに2018年度調査によって得られた高齢者の一日平均歩数の経年的
な変化についてみておこう。一日平均歩数は、二回の調査の間の2年間に、
加齢に伴い減少していることが予測されるが、その減少の仕方に、おでか
け定期券の所有や利用の有無によって違いはあるのだろうか？

　分析に用いる歩数データついては、端末機の不具合や、調査協力者の電
源入れ忘れ、電池切れなどによって十分なデータを取得できていない場合
があるため、2016年度調査と同様に、歩数データ、GPSログデータを用い
て有効日を抽出した。そして、今回の分析でも、一定期間以上のデータが
取得できたサンプルを分析対象として用いることとし、2016年度ならびに
2018年度調査の調査期間の違いを考慮し、3章で述べた方法で決定した有
効日数が2018年度調査において3日以上、かつ、2016年度調査において7
日以上の調査対象者305人を分析対象者とした。分析対象者の属性を表4.2
に示す。表4.2に示すように、男性の割合が高く、やや高齢の方の割合が低
くなっており、特にサンプルの少なくなる高齢の方に限定した分析の際に
は、充分なサンプルが確保できるよう留意する必要がある。

　2016年から2018年にかけての1日平均歩数の変化について表4.3に示す。
表4.3に示すように、2016年から2018年にかけて、1日平均歩数が8,000歩
以上と良く歩く方が54人から46人に、4,000歩以上8,000歩未満の比較的良
く歩く方が103人から87人とそれぞれ減少しているのに対して、1日平均歩
数が4,000未満とあまり歩かない方が148人から172人へと増加しており、
全体として1日平均歩数が減少している傾向が窺える。実際、歩数が10％

表 4.2　2018年度高齢者交通行動調査 分析対象者の属性

		おでかけ定期券 所有者	おでかけ定期券 非所有者
計		189人	116人
性別	男性	134人 70.9%	90人 77.6%
	女性	55人 29.1%	26人 22.4%
年齢	65～69歳	47人 24.9%	38人 32.8%
	70～74歳	48人 25.4%	44人 37.9%
	75～79歳	54人 28.6%	23人 19.8%
	80～84歳	31人 16.4%	9人 7.8%
	85歳以上	9人 4.8%	2人 1.7%

年齢：2016年時点, おでかけ定期券：2018年時点

表 4.3　高齢者の1日平均歩数の変化

		2018年　1日平均歩数			
		4,000歩未満	4,000歩以上 8,000歩未満	8,000歩以上	合計
2016年 1日平均歩数	4,000歩未満	128人	17人	3人	148人
	4,000歩以上 8,000歩未満	41人	52人	10人	103人
	8,000歩以上	3人	18人	33人	54人
	合計	172人	87人	46人	305人

以上減少した方が160人と全体の半数を超えており、加齢による歩数の減少が明確に顕れた結果となっている。

　次に2016年と2018年におけるおでかけ定期券の所有状況による1日平均歩数の経年的な変化についてみていこう。こうした経年的な変化を分析できるのは、2回にわたり全く同じ方々に調査にご協力いただいた結果得られるパネルデータを用いているからである。おでかけ定期券の所有・利用の有無による一日平均歩数の経年的変化を比較したものを図4.1に示す。こ

こで、「所有→所有（利用あり）」とは、2016年、2018年の両調査時点において、おでかけ定期券を所有しており、かつ、2016年の調査期間および2018年の調査期間において、それぞれ少なくとも一回以上おでかけ定期券を利用して運賃割引を受けて公共交通を利用した方である。一方、「所有→所有（利用なし）」とは、2016年、2018年の両調査時点においておでかけ定期券を所有しているものの、両調査期間において、一回もおでかけ定期券を利用した運賃割引を受けて公共交通を利用していない方、および、どちらかの調査期間のみにおいて一回以上運賃割引を受けて公共交通を利用した方である。また、「非所有→非所有」とは、2016年、2018年の両調査時点においておでかけ定期券を所有していない方である。分析対象者305人のうち、「所有→所有（利用あり）」、「非所有→非所有」、「所有→所有（利用なし）」の方は、それぞれ、61人、103人、121人であった。残りの20人は、2016年、2018年の調査時点において、どちらか一方の時点でのみおでかけ定期券を所有していた方々であり、歩数の経年的変化の分析においては、分析対象外とした。図4.1に示すように、2016年、2018年の両時点において、一日平均歩数は「所有→所有（利用あり）」、「非所有→非所有」、「所有

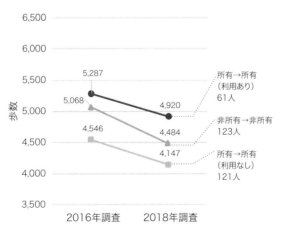

図4.1　おでかけ定期券の所有・利用別の一日平均歩数の経年的変化

→所有（利用なし）」の順に多くなっており、おでかけ定期券を所有し、かつ、実際に利用している方ほど、おでかけ定期券を所有していない、あるいは、所有していても利用していない方と比較すると歩数が多くなる結果となっている。さらに、2年間の経年変化をみてみると、一日平均歩数は「所有→所有（利用あり）」、「非所有→非所有」とも加齢により減少しているものの、その減少率は「非所有→非所有」の方が大きくなっており、おでかけ定期券を所有し利用している方ほど、多く歩き、加齢による歩数の減少も小さいことがわかる。

　次に、中心市街地における歩行範囲の経年的変化についてみてみよう。2016年から2018年にかけての、おでかけ定期券の所有の有無により、分析対象者を「所有→所有」および「非所有→非所有」に分け、それぞれの中心市街地内における歩行範囲の経年的変化を図4.2に示す。2016年から2018年にかけて、「所有→所有」の方の歩行範囲は、富山駅から総曲輪通りまでの南北移動を中心に東西方向も含め広範囲に広がっているが、「非所有→非所有」の方の歩行範囲は、2016年度と比較して、2018年においては、特に東西方向の徒歩移動が少なくなり、観測される歩行範囲も狭くなっていることが分かる。

　以上のことから、高齢者にたくさん歩き続けてもらうためには、おでかけ定期券を持って、そして、公共交通を利用してもらうことが重要であるといえよう。さらに、3.4の分析結果を踏まえると、定期券を使って公共交通で中心市街地を訪れてもらうことによって、よりたくさん歩いてもらえることが期待できる。

4.3　実際の医療保険データとはどのようなものなのか？

　ここでは、おでかけ定期券事業による医療費抑制効果を計測する際に用いる医療保険データについて説明しておこう。今回の分析に用いた医療費のデータは、先述のように、予め医療費データの取得ならびに使用に対す

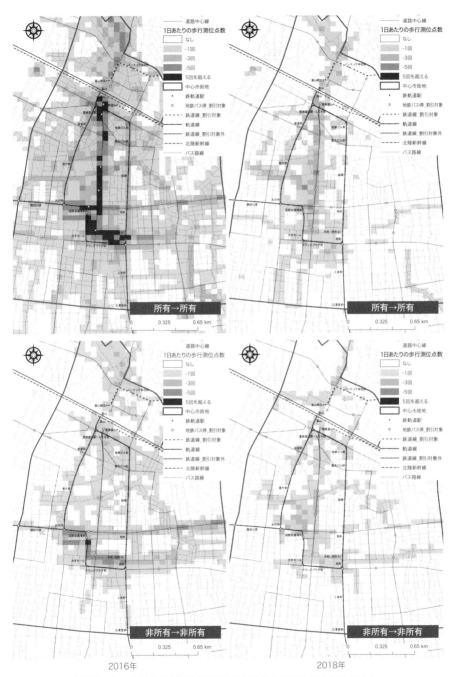

図4.2　おでかけ定期券所有状況別の高齢者の歩行範囲の経年的変化

る同意をいただいた方々の2016年度から2018年度のデータである。同意を
いただいている方々の各年度の医療費データは、富山市の本プロジェクト
担当職員であった中心市街地活性化推進課の川崎隆人氏、島田健太郎氏の
お二人が、市役所に配置されている専用端末を操作し、抽出・取得したも
のであり、取得したデータは、同意いただいた方々の自己負担分を含む各
年度の医療費総額の実際の値である。

　まず、今回得られた高齢者の方々の医療費の分布をみてみることにしよ
う。なお、ここでは、富山市国民健康保険、富山県後期高齢者医療制度に
加入されており、アンケートにおいて要支援・要介護認定を受けていない、
かつ、歩行補助を必要としないと回答された方々404人を分析対象者とし
ている。

　2016年度から2018年度の3年間の年間平均医療費の分布を前期高齢者、
後期高齢者、それぞれについて図4.3に示す。前期高齢者では、年間平均医
療費が10万円以上20万円未満の方の割合が、最も高く26.2%となってい
る。一方、後期高齢者では、10万円以上20万円未満、20万円以上30万円未

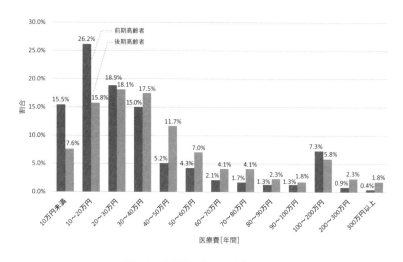

図4.3　高齢者の年間医療費の分布

満、30万円以上40万円未満の方の割合が高く、それぞれ15.8％、18.1％、17.5％となっており、全体的に前期高齢者よりも医療費が高いカテゴリーの割合が高くなっている。また、一般的に医療費の分布は対数変換すると正規分布となる分布である対数正規分布と仮定されることが多いが[1]、今回得られた医療費の分布も医療費が高額となる右側の裾が広く、対数正規分布に近い分布となっている。実際、3年間の平均で300万円以上の医療費がかかった方も前期高齢者、後期高齢者合わせて4名おられる。今回の分析で用いるデータは、限られた数のサンプルの実際の値であるが、その分布に上述のような特徴を有しており、こうしたデータは、通常の平均値（標本平均）では、対象となる全てのサンプルを用いて算出する平均値（母平均）との間に乖離が生じる可能性が高いという問題が指摘されている[2]。そこで、以降の分析では、通常の平均値ではなく、医療費の分布を対数正規分布と仮定して、その分布の期待値を用いることとした。なお、期待値とは、対象とする事象の発生確率により重みを付けた平均値のことであり、対象となる全てのサンプルの平均値を計算することができれば、その値は期待値と一致する。

　以上を踏まえ、上述の医療費データを用いて、前期高齢者および後期高齢者の年間平均医療費の期待値を算出したところ、それぞれの年間平均医療費の期待値は、前期高齢者で約38.9万円、後期高齢者で53.6万円となり、両者の間に約14.7万円の差があることがわかった。

　次に、富山市国民健康保険、富山県後期高齢者医療制度のデータベースから抽出・取得した実際の医療費と2018年調査のアンケートにおいて尋ねた最近1ヶ月の医療費とを比較してみることにしよう。両者を箱ひげ図を用いて比較したものを図4.4に示す。箱ひげ図とは箱とひげで構成された図であり、箱の上辺は上位25％の値、真ん中の線は中央値、下辺は下位25％の値を示している。また、ひげの上辺は上位10％の値、下辺は下位10％の値である。図4.4に示すように、月に5,000〜1万円と回答した方々の実際の医療費は、そのほぼ50％が5,000〜1万円の間に収まっているものの、他の

回答区分では、実際の医療費とアンケートにおける回答額の間に乖離が生じている。特に、ほとんど通院しない、あるいは、月に1万円以上と回答した方の乖離が大きくなっている。仮に、アンケートにおいて最近1ヶ月ではなく年間の医療費を尋ねたとしても、多くの方は正確に回答することが困難であると想像できることから、アンケートにより正確な年間医療費を把握することは、特に限られた数のサンプルでは非常に困難であるといえる。こうしたことから、今回の調査において取得した医療費のデータは非常に貴重なものであるといえ、取得・使用に同意いただいた富山市の高齢者の方々には、改めて御礼を申し上げたい。

　それでは、ここで、富山市国民健康保険、富山県後期高齢者医療制度のデータベースから抽出・取得した実際の高齢者の医療費と歩数の関係をみてみることにしよう。ここでは、歩数との関係をみるため、分析対象を先述の404名の内、2016年、2018年の両調査において、ともに歩数データを取得できた174人とした。2016年調査および2018年調査における歩数と2016年から2018年の医療費の期待値との関係を図4.5に示す。

　図4.5に示すように、2016年調査時、2018年調査時の一日平均歩数の平均値が4,000歩未満の方々の年間医療費は2016年から2018年にかけて増加傾向にあるが、2016年調査時、2018年調査時の歩数の平均値が4,000歩以上8,000歩未満の方々については、年間医療費がほぼ横ばいとなっていることが分かる。さらに、2016年調査時、2018年調査時の一日平均歩数の平均値が8,000歩以上の方々については、2016年と比べて2017年、2018年の医療費が減少していることが分かる。その結果、2016年調査時、2018年調査時の一日平均歩数の平均値が4,000歩未満の方々と8,000以上の方々の医療費の差は、2016年の約8.8万円から約25.3万へと拡大している。なお、3章でも述べたように、高齢者にとって、身体的な健康維持のために基準となる一日の平均歩数は8,000歩といわれており、また、精神的な健康維持のための基準となる一日の平均歩数は4,000歩といわれていることから[3]、ここでは、それらの値を用いて区分した結果を示している。これらの分析結果

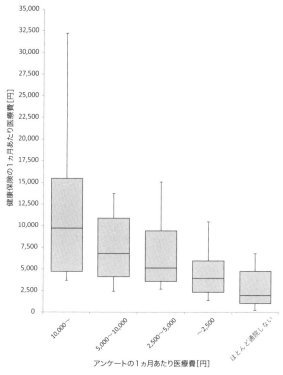

図4.4　国民健康保険、後期高齢者医療制度

医療費保険データによる医療費とアンケート調査による医療費との比較

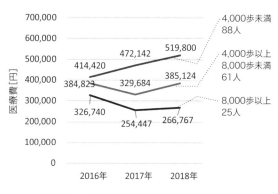

図4.5　一日平均歩数別の年間医療費の比較

は、歩数と医療費の関係性を改めて裏付けるものであるといえよう。

　次に、医療費データと居住場所の関係についてみてみることにしよう。富山市では拠点集中型のコンパクトなまちをつくることを基本方針として、都市マスタープラン[4]で都市機能を中心市街地および地域生活拠点に集約することを目指している。そこで、図4.6に示すように中心市街地および地域生活拠点の中心点から1km圏の地域を「拠点内」、それ以外の地域を「拠点外」として、居住している地域によって医療費を比較することとする。拠点内外それぞれの地域の居住者について、医療費の期待値の経年的変化を図4.7に示す。2016年から2018年の3年間全てにおいて拠点内の居住者の方が年間約1〜5万円医療費が低くなっており、都市機能の集約が目指されている地域において、医療費が低くなる傾向が窺える。

4.4　おでかけ定期券事業により医療費は年間約8億円抑制されている！

　ここでは、いよいよおでかけ定期券事業による医療費抑制効果を計測することにしよう。

　おでかけ定期券事業によって公共交通の利用が促進されることが医療費に影響を及ぼすのは、公共交通の利用促進によって、高齢者が外出の際によりたくさん歩くようになるからであると考えられる。また、3章における分析から、おでかけ定期券の所有の有無だけではなく、利用の有無により、高齢者の一日平均歩数に大きな差があることが明らかとなっている。そこで、医療費抑制効果を計測する際にも、おでかけ定期券の所有だけではなく利用の有無にも着目して分析することとする。また、ここでの分析では、先ほどの医療費データの分析と同様に2016年から2018年にかけて要支援・要介護認定を受けておらず、歩行補助が必要のない404人を対象とする。

　それでは、おでかけ定期券の所有状況ならびに利用状況と年間医療費と

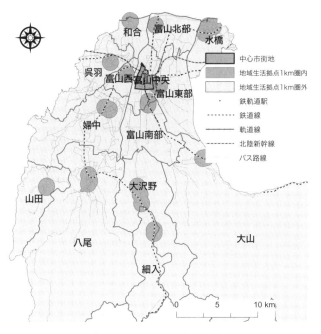

図4.6　富山市における地域生活拠点の位置

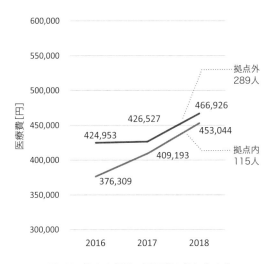

図4.7　拠点内外別の医療費の経年的変化

の関係をみてみよう。まず、前期高齢者・後期高齢者それぞれについて、おでかけ定期券の所有の有無によって、2016年〜2018年の年間医療費の期待値を比較したものを図4.8、図4.9に示す。なお、ここでの分析では、先述のように、特に高齢の方のサンプル数を充分確保できるよう、3章のような年齢階層別ではなく、前後期高齢者別に分析することとした。また、ここでは2016年から2018年にかけて継続しておでかけ定期券を所有した人をおでかけ定期券継続所有者、それ以外の人を非継続所有者としている。図4.8、図4.9に示すように、3年間全てにおいて、前期高齢者、後期高齢者ともにおでかけ定期券継続所有者の医療費は非継続所有者と比べて低い傾向がみられた。前期高齢者については2016年では約11万円、2017年では約5万円、2018年では約20万円継続所有者の方が医療費が低く、後期高齢者については。2016年では約6万円、2017年、2018年ではそれぞれ約2万円継続所有者の方が医療費が低くなっている。

　つづいて、前期高齢者・後期高齢者それぞれについて、2016年から2018年のおでかけ定期券の利用の有無によって、2016年から2018年の年間医療費の期待値を比較したものを図4.10、図4.11に示す。ここでは、利用日数が12日以上の方々をおでかけ定期券利用者、12日未満の方々をおでかけ定期券非利用者として、利用者と非利用者の医療費を比較している。なお、利用日数が12日以上とは、2016年から2018年の間、いずれの年度においてもおでかけ定期券の利用日数が12日以上の方々である。図4.10、図4.11に示すように、2016年から2018年にかけておでかけ定期券利用者は、非利用者よりも医療費が低くなっており、前期高齢者については2016年では約1万円、2017年では約4万円、2018年では約1万円おでかけ定期券利用者の方が医療費が低くなっており、後期高齢者においていも、2016年では約7万円、2017年では約20万円、2018年では約8万円おでかけ定期券利用者の方が医療費が低くなっている。

　また、3年間の医療費の平均値を、おでかけ定期券の利用の有無で比較すると、前期高齢者についてみると、年間12日以上の方々の期待値は約

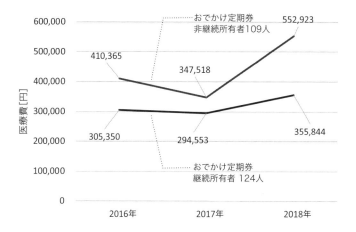

図4.8　おでかけ定期券所有状況と年間医療費の関係（前期高齢者）

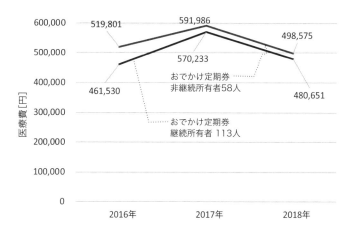

図4.9　おでかけ定期券所有状況と年間医療費の関係（後期高齢者）

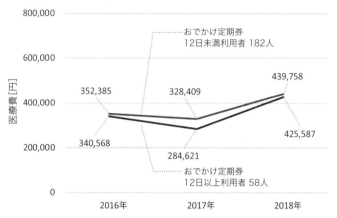

図4.10　おでかけ定期券利用状況と年間医療費の関係（前期高齢者）

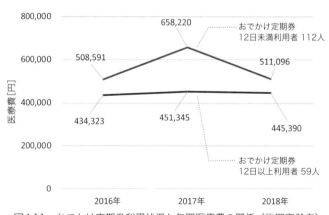

図4.11　おでかけ定期券利用状況と年間医療費の関係（後期高齢者）

36.6万円、年間12日未満の方々の期待値は約39.5万円とおでかけ定期券利用者の方が医療費が約2.9万円低くなっている。同様に、後期高齢者についてみると、年間12日以上の方々の期待値は約44.7万円、年間12日未満の方々の期待値は約58.9万円と、おでかけ定期券利用者の方が医療費が約14.3万円低くなっている。

それでは、ここで、おでかけ定期券事業による医療費削減効果を計測してみよう。ここでは、先程と同様に、分析対象者をおでかけ定期券の年間利用日数が12日未満の方々と12日以上の方々とに分類し、それらの3年間の年間平均医療費の期待値の差額から医療費抑制効果を計測することとした。

ここで、2018年度末のお出かけ定期券所有者2万4,972人のうち、2016から2018年度にかけて年間12日以上おでかけ定期券による運賃割引を受けた方は、前期高齢者で約36.6％、後期高齢者で約41.2％おられること、2016から2018年度にかけて年間12日以上おでかけ定期券による運賃割引を受けた方で、2016、2018年の両調査において、ともに要介護・要支援認定を受けておらず、歩行補助も必要がないと回答された方は、前期高齢者で97.6％、後期高齢者で80.2％おられることを考慮して以下の式により医療費抑制効果を算出する。

【医療費抑制効果】

①前期高齢者

2.9万円	おでかけ定期券年間利用日数が12日未満の方々と12日以上の方々の医療費の差額
×	
2万4,972人	おでかけ定期券所有者数（2018年度末）
×	
42.0%	おでかけ定期券所有者のうち前期高齢者の割合
×	
36.6%	おでかけ定期券年間利用日数が12日以上の方々の割合
×	
97.6%	おでかけ定期券年間利用日数が12日以上の方々のうち要介護・要支援認定を受けておらず歩行補助も必要ない方々の割合

②後期高齢者

14.3万円	おでかけ定期券年間利用日数が12日未満の方々と12日以上の方々の医療費の差額
×	
2万4,972人	おでかけ定期券所有者数（2018年度末）
×	
58.0%	おでかけ定期券所有者のうち後期高齢者の割合
×	
41.16%	おでかけ定期券年間利用日数が12日以上の方々の割合
×	
80.2%	おでかけ定期券年間利用日数が12日以上の方々のうち要介護・要支援認定を受けておらず歩行補助も必要ない方々の割合

前頁の式より、おでかけ定期券事業による医療費抑制効果を算出した結果、年間約7億9,000万円の抑制効果があるという結果となった。富山市全体の富山市国民健康保険、富山県後期高齢者医療制度における医療費総額は年間約760.7億円[5] であり、算出された医療費抑制効果は、そのおよそ約1.0％に相当する値であり、決して小さな効果ではないといえよう。また、富山市のおでかけ定期券事業における富山地方鉄道への運賃補填額は年間約1億円程度であり[6]、費用対効果の面からも充分に妥当性を有する事業であるということがいえる。

　このように。高齢者に対する運賃割引による公共交通利用促進施策は、決して小さくない医療費抑制効果をもたらしていることが明らかとなったが、このような効果が生じているということは、公共交通利用の促進により、さらには、中心市街地を訪れることによって、日常生活における歩数が増加し、高齢者がより元気に暮らせるようになっているということを意味する。こうしたことから、富山市におけるおでかけ定期券事業は、社会全体にとっても、高齢者にとっても、ともに正の効果をもたらすとても素晴らしい取り組みであるといえよう。

参考文献
1) 岡本悦司「指標としての医療費分析の効用と留意点」『保健師ジャーナル』62巻8号、2006.8
2) Ulf Olsson, "Confidence Intervals for the Mean of a Log-Normal Distribution", *Journal of Statistics Education*, Volume 13 Issue 1, 2005.11
3) 青柳幸利・朴眩泰・朴晟鎭・唐澤伸子・安原あづさ・桑原奈緒子・篠原寛子・水出久美子・小野里悦子・伊能俊之・山田克仁・小池ゆかり・齋藤視永子・関口喜佐子「高齢者における日常的な身体活動と心身の健康：中之条研究」『保健師ジャーナル』65巻12号、2009.12
4) 富山市「富山市都市マスタープラン」2019.11
5) 富山市「国民健康保険事業状況報告書」「後期高齢者医療事業報告書」2018
6) 富山市提供資料

5章

公共交通は中心市街地に賑わいをもたらすのか?

5.1　富山市中心市街地における2地区での回遊行動調査の概要

　都市機能を増進し、経済社会の活力を向上していく上で、中心市街地の賑わいを取り戻し、新たに創出していくことは、世界共通の政策課題といっても過言ではない。わが国でも、高度経済成長期以降、モータリゼーションの進展に伴い、大型商業施設の郊外立地やロードサイドへの店舗立地の影響を受けて衰退した中心市街地の再生や活性化が、深刻な課題となっている。

　課題を抱える中心市街地において、「都心商業地域の自動車の乗り入れを規制する歩行者優先施策を講じれば、来訪者や売り上げが大きく減少してしまう」「郊外の大型商業施設に対抗するためには、幹線街路の整備や無料平面駐車場の不足解消が絶対的に必要だ」といった、自動車アクセスの更なる向上が、現状の賑わいや売り上げの悪化を防ぐための特効薬であると信じている商店主は多く、このような社会的通念が根強く残っていることで、何の疑いもなく自動車アクセスの向上が図られ、結果的に中心市街地の衰退に拍車をかけてしまった地方都市も少なくない[1]。果たして、自動車アクセスを高めることが、本当に来街者の回遊性を高め、中心市街地の賑わいをもたらすことにつながるのだろうか？

　わが国では、2000年代以降、主に都市・交通計画分野の研究者が、アンケート調査を用いて、来街者の交通行動と消費行動の関係を明らかにすることで、この社会的通念に少なからず警鐘を鳴らしてきた。具体的には、自動車による来訪者は小頻度高額消費、公共交通による来訪者は高頻度小額消費の傾向にあることを結論付けており、月単位などの一定期間に換算して捉えることで、自動車来訪者が一概に多くの消費をしているわけではないことについて言及している[2]。しかしながら、このような来街者の交通行動と消費行動をはじめ、賑わいにおける来街交通手段の影響に関する研究蓄積は未だ十分とは言えず、自動車アクセスの向上が中心市街地の再生や活性化の特効薬ではないことを示す科学的根拠としては、さほど浸透し

ていないのが実情である。

　しかしながら、近年、人々の移動の軌跡データを個人単位で取得することで、来街者の実態をできる限り正確につかみ、その実態に基づいて、中心市街地の再生や活性化を検討していく、"スマートプランニング"という考え方が、新たなまちづくり手法として展開されつつある。これは、GPS、Wi-Fi、Beaconなどによって得られるデータを用いて、人々の動きを詳細に把握することが可能になったことが背景にあり、"自動車が中心市街地に賑わいをもたらすのか？それとも、公共交通が中心市街地に賑わいをもたらすのか？"という問いに対しても、より実態に基づいた科学的検証が可能になりつつある。

　そこで筆者らは、2章で先述した調査概要の通り、来街者の回遊行動の実態を把握するとともに、公共交通が中心市街地に賑わいをもたらすのかどうかを検証するため、図5.1に示す富山市の中心市街地を対象に、エリア特性の異なる中心商業地区と富山駅周辺地区の2地区で、GPSデータを取得できる端末機とアンケート調査を併用した回遊行動調査を、2018年（中心商業地区）および2019年（富山駅周辺地区）に実施した。

①中心商業地区調査

　2018年7月に、4日間にわたり実施した中心商業地区調査では、富山市の中心市街地に立地するまちなか賑わい広場「グランドプラザ」およびその周辺の訪問者359人を対象に、前述の端末機（おでかけっち）の配布を行い、図5.2に示す調査票を用いたアンケート調査も併せて実施することで、その行動状況（来街交通手段・行動範囲・滞在時間・歩数・消費金額など）を把握している。表5.1に、分析サンプルの内訳と属性を示す。なお、後述する滞在時間・歩数・消費金額の各分析においては、端末機の回収状況やアンケートの記入状況をはじめ、GPSによる測位点データの取得状況（平均測距点間隔〔GPSの取得間隔〕が7.0分以下のものを採用）を確認し、住所不明や居住地が県外もしくは中心市街地内のサンプル、観光・仕事目的のサンプ

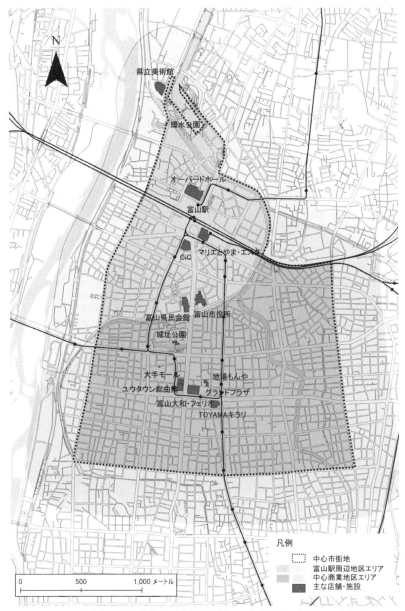

県立美術館

環水公園

オーバラドホール

富山駅

マリエとやま・エスタ

CiC

富山県民会館　富山市役所

城址公園

大手モール　　　　地場もんや
ユウタウン総曲輪　　グランドプラザ
富山大和・フェリオ
TOYAMAキラリ

凡例

┈┈ 中心市街地
　　富山駅周辺地区エリア
　　中心商業地区エリア
■ 主な店舗・施設

0　　　500　　　1,000 メートル

図5.1　富山市の中心市街地（中心商業地区と富山駅周辺地区）の位置図

富山市中心商業地区滞在状況調査

はじめに、あなたご自身のことについてお尋ねします。

問1　あなたの性別・年齢を教えてください。（○はひとつずつ）

性別　〔　男　・　女　〕

年齢	18～19歳	20～24歳	25～29歳	30～34歳	35～39歳
	40～44歳	45～49歳	50～54歳	55～59歳	60～64歳
	65～69歳	70～74歳	75歳以上		

問2　あなたのご職業を教えてください。（○はひとつ）

1．自営業　　　　　　　2．会社員・公務員　　　　3．パート・アルバイト
4．専業主婦・主夫　　　5．学生　　　　　　　　　6．無職・その他

問3　あなたのお住いの地域を教えてください。　例）富山市 桜町一丁目

市町村 _____　町丁目 _____　地番は不要です

富山市にお住いの65歳以上の方にお尋ねします。

問4　おでかけ定期券はお持ちですか。（○はひとつ）

1．持っている　　　2．以前は持っていたが、今は持っていない　　　3．持っていない

全員に、本日の外出についてお尋ねします。

問5　本日の外出の目的は何ですか。（○はいくつでも）

1．観光　　⇒　問6へ

2．日常的な買物（食料品・日用品等）　　3．非日常的な買物（衣服・家電等）
4．食事　　5．娯楽　　6．社交　　7．送迎　　8．通院　　⇒ 問7へ
9．散策・ウィンドウショッピング　　10．その他〔　　　　　　　　　〕

問5で「1．観光」と回答された方にお尋ねします。

問6　（観光目的の方へ）富山市中心部に来られたのは何回目ですか。

〔　　　　　　　〕回目　　前回の訪問は〔　　　　　年前〕

問5で「1．観光」以外と回答された方にお尋ねします。

問7　（観光目的以外の方へ）どのような頻度で富山市中心部に出かけられますか。
（○はひとつ）

1．月に15日以上　　　2．月に9～14日　　　3．月に6～8日
4．月に3～5日　　　　5．月に1～2日　　　6．月に1日未満

うらへ続きます

図5.2（1）　中心商業地区のアンケート調査票（表面）

問1　富山市中心部への来訪時に利用した、全ての交通手段を教えてください。
　　（○はいくつでも）

　1.路面電車（市電、ライトレール）　　2.ＪＲ（高山線・新幹線）　　3.あいの風とやま鉄道

　4.地鉄電車　　　　　　　　5.地鉄バス　　　　　　　6.コミュニティバス

　7.自家用車　　　　　　　　8.徒歩　　　　　　　　　9.その他〔　　　　　　　　〕

　※駐車場に自家用車を止めて、電車やバスを利用（パーク＆ライド）された方は、利用された駅・バス停
　　名をお答えください。　　　　　　　利用した駅・バス停名〔　　　　　　　　〕

問2　本日、訪問した店舗・施設は当初から予定されていましたか。
　　施設ごとに、教えてください。

1.　本日、訪問した店舗・施設を、以下の選択肢から選んで、順番に表に記入してください。
　また、事前に訪問を予定していなかった場合、訪問した理由を教えてください。

順番	番号（店舗・施設名）	予定あり・なし（予定にない場合、店舗・施設に訪問した理由）
①		予定あり・予定なし（訪問理由：　　　　　　　　）
②		予定あり・予定なし（訪問理由：　　　　　　　　）
③		予定あり・予定なし（訪問理由：　　　　　　　　）
④		予定あり・予定なし（訪問理由：　　　　　　　　）
⑤		予定あり・予定なし（訪問理由：　　　　　　　　）
⑥		予定あり・予定なし（訪問理由：　　　　　　　　）
⑦		予定あり・予定なし（訪問理由：　　　　　　　　）
⑧		予定あり・予定なし（訪問理由：　　　　　　　　）

2.　訪問を考えていたが、実際には訪問しなかった店舗・施設とその理由をお答えください。

番号（店舗・施設名）	訪問しなかった理由

【選択肢】
　1. TOYAMA キラリ　　　　2. 城址公園（富山城）　　　3. 市役所
　4. 地場もんや　　　　　　5. 富山大和・フェリオ　　　6. 総曲輪レガートスクエア
　7. 市民プラザ　　　　　　8. 国際会議場　　　　　　　9. J-MAX THEATER とやま
　10. ユウタウン総曲輪　　　11. その他の店舗・施設（具体的な店舗・施設名を回答欄にお答えください）

問3　本日の外出は、どなたと、何人で行動されましたか。

　同行者　：　1.家族　　2.友人　　3.その他〔　　　　　　　　〕
　同行人数：　あなたを含めて＿＿＿＿＿人　　うち、65歳以上＿＿＿＿＿人・6歳以下＿＿＿＿＿人

問4　本日の外出で消費した金額を教えてください。（交通費・駐車料金を除きます）

　ご家族の方はご家族全体での消費額、その他の方はあなた一人分の消費額をお答えください。
　約〔　　　　　　　　〕円

　　　　アンケートは以上となります。ご協力ありがとうございました。

図5.2（2）　中心商業地区のアンケート調査票（裏面）

表5.1　中心商業地区調査の有効サンプルの主な属性と来街目的

属性		サンプル数	構成比
分析対象サンプル		179	-
性別	男性	26	14.5%
	女性	51	28.5%
	混合（グループ）	102	57.0%
同伴者別 （「家族・友人」 回答含む）	単独	77	43.0%
	家族	77	43.0%
	友人	19	10.6%
	その他	7	3.9%
交通手段別	自家用車	112	62.6%
	公共交通（電車・バス）	67	37.4%
配布時間帯	9:00-11:59	45	25.1%
	12:00-14:59	54	30.2%
	15:00-17:59	66	36.9%
	18:00-20:59	14	7.8%
年代別	65歳以上	36	20.1%
	64歳以下	143	79.9%
来街目的別	日常買物　あり	75	41.9%
	日常買物　なし	104	58.1%
	非日常買物　あり	46	25.7%
	非日常買物　なし	133	74.3%
	食事　あり	31	17.3%
	食事　なし	148	82.7%
	娯楽　あり	22	12.3%
	娯楽　なし	157	87.7%
	社交　あり	7	3.9%
	社交　なし	172	96.1%
	送迎　あり	1	0.6%
	送迎　なし	178	99.4%
	通院　あり	0	0.0%
	通院　なし	179	100.0%
	散策　あり	20	11.2%
	散策　なし	159	88.8%

ルなど、分析条件を満足しないサンプルを分析対象から除外することで、有効サンプルを定義している。

　主な属性別の内訳をみると、有効サンプルである179サンプルについて、性別では同伴者を伴う男女混合グループの割合が57％で半数を超えており、次いで、女性の割合が29％を占めている。また、同伴者別では、単独と家族のサンプル数が同数で、それぞれ43％を占めている。次いで、筆者らが注目する交通手段別では、自家用車の割合が63％を占める一方で、公共交通（電車・バス）の割合は37％で、倍近い構成比の差を示している。年代別では、65歳以上の割合が全体の20％を占めており、この65歳以上のサンプルについては、高齢者に特化した分析を別途行っており、5.3で後述する。最後に、目的別では、日常買物の割合が42％、非日常買物の割合が26％、食事の割合が17％をそれぞれ占めている。特に、日常買物については、地場もん屋をはじめとした総曲輪通り商店街が中心商業地区に立地しており、食品や日用品をはじめとした日常的な買い物スポットが比較的集積していることが、構成比を高めているものと考えられる。

②富山駅周辺地区調査
　2019年5月の4日間にわたり実施した富山駅周辺地区調査では、富山駅周辺への来街者557人を対象に、中心商業地区調査と同様、端末機（おでかけっち）を富山駅南口、総合案内所横、富山駅北口付近の3ヶ所で配布し、図5.3に示す調査票を用いたアンケート調査も併せて実施することで、その行動状況を把握している。表5.2に、分析サンプルの主な属性とその内訳を示す。なお、中心商業地区調査と同様の方法で、アンケート調査の記入漏れやGPSからのデータが未取得であったサンプル等を分析対象から除外するとともに、住所不明や居住地が県外や中心市街地内のサンプル、観光・仕事目的のサンプルについても分析対象から除き、分析項目別に有効サンプルを定義している。

　有効サンプル数は、滞在時間の分析では189サンプル、歩数の分析では

富山駅周辺回遊調査

はじめに、あなたご自身についてお尋ねします。

問1　あなたの性別・年齢・ご職業を教えてください。（○はひとつずつ）

性別　1. 男　　2. 女

年齢

18～19歳	20～24歳	25～29歳	30～34歳	35～39歳
40～44歳	45～49歳	50～54歳	55～59歳	60～64歳
65～69歳	70～74歳	75歳以上		

ご職業　1. 自営業　2. 会社員・公務員　3. パート・アルバイト
4. 専業主婦・主夫　5. 学生　6. 無職・その他

問2　あなたのお住いの地域を教えてください。

市区町村［　　　　　　］町丁目　　　　　　　　　　（都道府県不要です）

問3　本日の外出は、どなたと、何人で行動されましたか。

同行者　1. ひとり　2. 家族　3. 友人　4. その他［　　　　　　］

同行人数　あなたを含めて　　　　人　うち、男性　　　　人・女性　　　　人
65歳以上　　　　人・6歳以下　　　　人

富山市にお住いの65歳以上の方にお尋ねします。

問4　おでかけ定期券はお持ちですか。（○はひとつ）

1. 持っている　2. 以前は持っていたが、今は持っていない　3. 持っていない

皆様に、本日の外出についてお尋ねします。

問5　自宅・宿泊先を出られてから、どのような交通手段で富山駅に来られましたか。（該当全てに○）

1. 新幹線　2. あいの風とやま鉄道　3. JR高山線　4. 地鉄電車
5. 市内電車　6. 路線バス　7. 地鉄バス　8. コミュニティバス
9. 自家用車　10. 徒歩　11. その他［　　　　　　　　　　　　　　］

■自家用車を利用された方は、駐車場所と駐車料金を教えてください。
駐車場所　1. 富山駅前駐車場　2. マリエとやま駐車場
3. 富山駅北駐車場　4. その他［　　　　　　　　］
駐車料金　　　　　　　円

■路線電車や路線バス等以外で電車やバスに乗り換えやパーク&ライドされた方は、
利用された駅・バス停名を教えてください。
駅・バス停名　　　　　　　　　　　　　　　　　

問6　富山駅で調査をお願いする前に、どこかに立ち寄られましたか。

1. 立ち寄った店舗・施設がある　2. 自宅・宿泊先から直接　富山駅に来た

問7　本日の外出の目的は何ですか。（○はいくつでも）

1. 観光 →問8へ
2. 日常的な買物（食料品・日用品等）　3. 非日常的な買物（衣服・家電等）
4. 食事　5. 娯楽　6. 社交　7. 送迎　8. 通院
9. 散策・ウィンドウショッピング　10. その他［　　　　　］ →問9,10へ

問7で「1.観光」と回答された方にお尋ねします。

問8　【観光目的の方へ】富山市中心部に来られたのは何回目ですか。

［　　　回目　］　前回の訪問は［　　　年前　］

問7で「1.観光」以外と回答された方にお尋ねします。

問9　【観光目的以外の方へ】どのような頻度で富山市中心部に出かけられますか。（○はひとつ）

1. 月に15日以上　2. 月に9～14日　3. 月に6～8日
4. 月に3～5日　5. 月に1～2日　6. 月に1日未満

問10　【観光目的以外の方へ】富山駅南側と北側をどちら側を来る経路と、その通行頻度、地上仮通路の開通前と開通後のそれぞれについて教えてください。

■地上仮通路開通前（4月20日以前）
経路　1. 地下通路　2. その他［　　　　　　　　］
通行頻度　1. 月に15日以上　2. 月に9～14日　3. 月に6～8日
4. 月に3～5日　5. 月に1～2日　6. 月に1日未満

■地上仮通路開通後（4月21日以降）
経路　1. 地下通路　2. 地上仮通路　3. その他［　　　　　　　　］
通行頻度　1. 月に15日以上　2. 月に9～14日　3. 月に6～8日
4. 月に3～5日　5. 月に1～2日　6. 月に1日未満

地上仮通路の開通後に、経路が変わった方
→理由を教えてください［　　　　　　　　　　　　　　　　］
地上仮通路の開通後に、頻度が変わった方
→理由を教えてください［　　　　　　　　　　　　　　　　］

質問は、裏面に続きます。

図5.3 (1)　富山駅周辺地区のアンケート調査票（表面）

皆様に、本日訪問した店舗・施設についてお尋ねします。

問1 本日、調査をお願いしてから訪問した店舗・施設を、下の選択肢から選んで、順番に表に記入してください。各店舗・施設に訪問した場所は、右の地図に示しますので、ご参考にしてください。また、事前に訪問を予定していなかった場合、訪問した理由を教えてください。

訪問店舗・施設　選択肢

1. 富山駅内の店舗・施設	6.オーバード・ホール	11.ユウタウン総曲輪
2. マリエとやま・エスタ	7. 富山県民会館	12. 富山大和・フェリオ
3. CiC	8. 城址公園	13. 地場もん屋
4. 環水公園	9. 市役所	14. TOYAMA キラリ
5. 県立美術館	10. 大手モール	15. その他（具体的な店舗・施設名をお書きください）

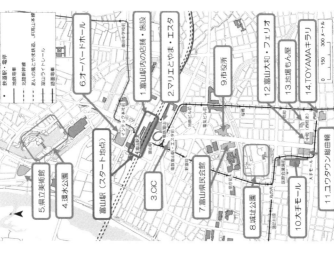

富山駅（周辺地図（参考）

順番	番号 （選択肢に無い場合、 店舗・施設名）	予定あり・なし （予定にない場合、 店舗・施設に訪問した理由）	店舗・施設に 到着・出発した およその時刻	各店舗・施設で 消費した およその金額
1 番目		予定あり・予定なし （訪問理由：　　　　　）	到着　： 出発　：	円
2 番目		予定あり・予定なし （訪問理由：　　　　　）	到着　： 出発　：	円
3 番目		予定あり・予定なし （訪問理由：　　　　　）	到着　： 出発　：	円
4 番目		予定あり・予定なし （訪問理由：　　　　　）	到着　： 出発　：	円
5 番目		予定あり・予定なし （訪問理由：　　　　　）	到着　： 出発　：	円
6 番目		予定あり・予定なし （訪問理由：　　　　　）	到着　： 出発　：	円
7 番目		予定あり・予定なし （訪問理由：　　　　　）	到着　： 出発　：	円

問2 訪問を考えていたが、実際には訪問しなかった店舗・施設があった場合、その名称と理由を教えてください。

番号（店舗・施設名）	訪問しなかった理由

調査へのご協力、ありがとうございました。
調査端末機と一緒にアンケート調査票をレターパックに入れて、ポストへ投函してください。（郵送料は必要ありません）

図5.3 (2)　富山駅周辺地区のアンケート調査票（裏面）

表5.2 富山駅周辺地区調査の有効サンプルの主な属性と来街目的

属性		滞在時間		歩数		消費金額	
		サンプル数	構成比	サンプル数	構成比	サンプル数	構成比
対象サンプル		189	-	241	-	210	-
性別	男性	46	24.3%	58	24.1%	44	21.0%
	女性	80	42.3%	106	44.0%	94	44.8%
	混合	63	33.3%	77	32.0%	72	34.3%
同伴者別	単独	89	47.1%	112	46.5%	96	45.7%
	家族	52	27.5%	68	28.2%	65	31.0%
	友人	43	22.8%	54	22.4%	42	20.0%
	その他	5	2.6%	7	2.9%	7	3.3%
交通手段別	自家用車	57	30.2%	66	27.4%	57	27.1%
	公共交通（電車・バス）	116	61.4%	126	52.3%	105	50.0%
	徒歩・自転車	16	8.5%	49	20.3%	48	22.9%
配布時間帯	9:00-11:59	87	46.0%	102	42.3%	82	39.0%
	12:00-14:59	56	29.6%	80	33.2%	78	37.1%
	15:00-17:59	46	24.3%	59	24.5%	50	23.8%
年代別	65歳以上	43	22.8%	52	21.6%	38	18.1%
	64歳以下	146	77.2%	189	78.4%	172	81.9%
来街目的別	日常買物　あり	40	21.2%	58	24.1%	59	28.1%
	日常買物　なし	149	78.8%	183	75.9%	151	71.9%
	非日常買物 あり	39	20.6%	49	20.3%	41	19.5%
	非日常買物 なし	150	79.4%	192	79.7%	169	80.5%
	食事　あり	75	39.7%	89	36.9%	84	40.0%
	食事　なし	114	60.3%	152	63.1%	126	60.0%
	娯楽　あり	42	22.2%	53	22.0%	41	19.5%
	娯楽　なし	147	77.8%	188	78.0%	169	80.5%
	社交　あり	14	7.4%	17	7.1%	17	8.1%
	社交　なし	175	92.6%	224	92.9%	193	91.9%
	送迎　あり	8	4.2%	12	5.0%	11	5.2%
	送迎　なし	181	95.8%	229	95.0%	199	94.8%
	通院　あり	6	3.2%	7	2.9%	6	2.9%
	通院　なし	183	96.8%	234	97.1%	204	97.1%
	散策　あり	65	34.4%	83	34.4%	77	36.7%
	散策　なし	124	65.6%	158	65.6%	133	63.3%

241サンプル、消費金額や訪問先の分析では210サンプルである。主な属性別の内訳をみると、全体的傾向として、性別では女性の割合が40%程度を占めており、次いで、男女混合グループの割合が30%強を占めている。また、同伴者別では、単独の割合が45%程度であり、次いで、家族の割合が30%前後を占めている。これらの結果は、男女混合グループや家族の割合が高い中心商業地区調査の結果とはやや異なる構成比を示している。また、筆者らが注目する交通手段別については、自家用車の割合が30%弱を占める一方で、公共交通（電車・バス）の割合は、交通結節点である富山駅を含む地区ということもあり、50〜60%程度と倍近い構成比を示している。この結果は、自家用車の割合が高い中心商業地区の結果とは大きく異なっている。次いで、年代別では、65歳以上の割合が全体の20%ほどを占めている。なお、中心商業地区調査と同様、高齢者グループに特化した分析については、5.3で後述する。目的別では、日常買物の割合が25%前後、非日常買物の割合が20%前後、食事が40%程度を占めている。特に、中心商業地区調査の結果と比較して、日常買物は20%程度の低い値を示している一方で、食事は20%程度の高い値を示しており、この点についても、地区間に大きな違いがみられる。

　以降では、中心商業地区と富山駅周辺地区の来街者を対象にしたGPS取得データとアンケート調査データを分析することで明らかにした、来街交通手段と滞在時間・歩数・回遊範囲・消費金額との関係について述べる。

5.2　自家用車利用者を上回る公共交通利用者の滞在時間・歩数・訪問箇所数

　年齢を問わず全世代の有効サンプルを対象に、GPS取得データとアンケート調査データを用いて、自家用車利用者と公共交通利用者の滞在時間、歩数、訪問箇所数を算出し、中心商業地区と富山駅周辺地区において比較した。

①中心商業地区

　中心商業地区内での平均滞在時間と平均歩数について、交通手段別での比較を図5.4に示している。公共交通利用者が自家用車利用者と比較して平均滞在時間（公共交通利用者：179分、自家用車利用者：93分）は約86分長く、平均歩数（公共交通利用者：2,023歩、自家用車利用者：1,126歩）も約897歩多い。そして、公共交通での来街者の平均滞在時間は、自家用車での来街者の約1.9倍、平均歩数は約1.8倍となっている。また、図5.5には、交通手段別の滞在時間の度数分布を示している。中心商業地区で2時間以上滞在している人は、自家用車で来街した人が25％であるのに対し、公共交通で来街した人は60％を占めており、約2.4倍を示している。つまり、公共交通利用者は、自家用車利用者よりも、中心商業地区に長い時間滞在し、そして、よりたくさん歩いて移動していることが明らかになった。

自家用車利用者　93分　　　　自家用車利用者　1,126歩

公共交通利用者　179分　　　公共交通利用者　2,023歩

中心市街地での平均滞在時間　　中心市街地での平均歩数
約1.9倍　　　　　　　　　約1.8倍

図5.4　交通手段別の平均滞在時間・平均歩数の比較（中心商業地区）

　では、自家用車利用者と公共交通利用者の間で、平均訪問箇所数や訪問先に違いはみられるのだろうか？　図5.6には、中心商業地区での交通手段別の平均訪問箇所数と訪問先を示している。平均訪問箇所数は、自家用車利用者の1.34ヶ所に対し、公共交通利用者は1.87ヶ所と約0.5ヶ所も上回っている。また、公共交通利用の来街者は、調査実施箇所の隣接商業施設（富山大和・フェリオ）以外の施設（たとえば、ガラス美術館および図書館が併設されているTOYAMAキラリ、富山市の農林産物アンテナショップである地場もん屋、富山駅周辺地区など）への訪問割合が高くなっている。つまり、公共

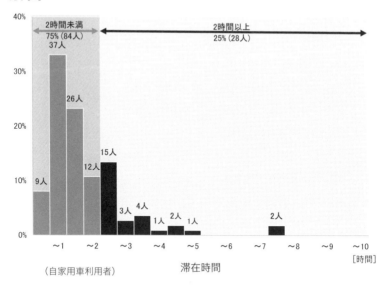

（自家用車利用者）

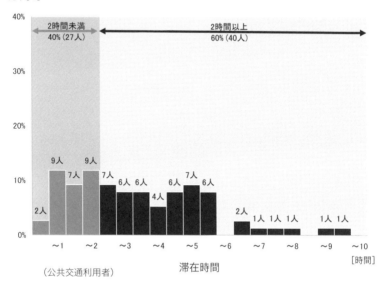

（公共交通利用者）

図5.5　交通手段別の滞在時間の度数分布の比較

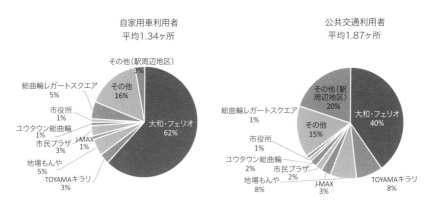

自家用車利用者
平均1.34ヶ所

その他（駅周辺地区）
3%

総曲輪レガートスクエア
5%

市役所
1%

ユウタウン総曲輪
1%

市民プラザ
3%

J-MAX
1%

地場もんや
5%

TOYAMAキラリ
3%

その他
16%

大和・フェリオ
62%

公共交通利用者
平均1.87ヶ所

総曲輪レガートスクエア
1%

市役所
1%

ユウタウン総曲輪
2%

市民プラザ
2%

地場もんや
8%

J-MAX
3%

その他（駅
周辺地区）
20%

その他
15%

大和・フェリオ
40%

TOYAMAキラリ
8%

図5.6　中心商業地区の訪問先の構成比

交通利用者は自家用車利用者と比較して、中心市街地の複数の訪問先を回遊していることが明らかになった。

　来街者の回遊状況については、個人単位でGPSにより取得した位置情報データを用いて、属性別に把握することができる。図5.7に交通手段別の中心市街地の回遊状況を、図5.8に位置情報データ取得時間帯別の中心市街地の回遊状況を示している。

　交通手段別でみると、公共交通利用者は、総曲輪通での回遊に加え、富山駅周辺での回遊や特定の店舗への訪問など、広い範囲での回遊を確認することができる。これに対し、自家用車利用者は、総曲輪通を中心に回遊が集中しており、回遊範囲が狭いことがわかる。

　次いで、時間帯別でみると、9時00分から11時59分までの午前中は総曲輪通周辺に集中しており、総曲輪通周辺から外れた回遊はあまり見当たらない。また、昼間時間帯以降は、総曲輪通を離れ、富山駅周辺やその他の地区に向かう回遊行動がみられる。さらに、夜間時間帯では、昼間とは異なるエリアへの回遊行動もみられ、時間帯に応じて回遊状況が変化していることが明らかになった。

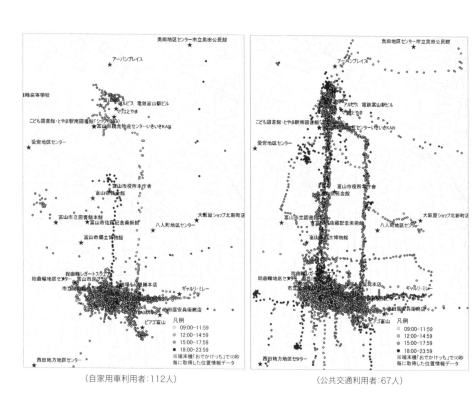

（自家用車利用者：112人）　　　　　　　　　（公共交通利用者：67人）

図5.7　交通手段別の中心市街地の回遊状況：179人

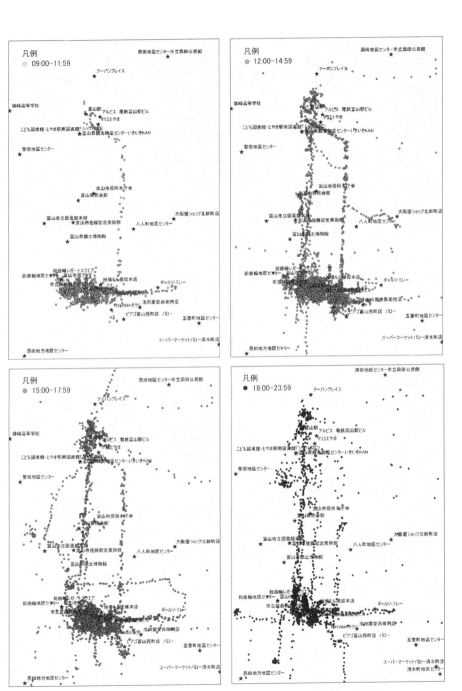

図5.8　位置情報データ取得時間帯別の中心市街地の回遊状況：179人

②富山駅周辺地区

　同じ中心市街地内においても、交通結節点を有し、中心商業地区とは特性の異なる富山駅周辺地区では、訪問者の回遊状況はどうなっているのだろうか?

　図5.9に富山駅周辺地区での交通手段別の平均滞在時間と平均歩数を示している。公共交通利用者は自家用車利用者と比べて平均滞在時間(公共交通利用者:153分、自家用車利用者:98分)が約55分長く、平均歩数(公共交通利用者:2,285歩、自家用車利用者:1,393歩)も約892歩多い。そして、公共交通で来街した人の平均滞在時間は、自家用車で来街した人の約1.6倍、平均歩数も約1.6倍となっている。ちなみに、図5.4に示した中心商業地区の結果と比較すると、自家用車利用者の平均滞在時間は5分長く、平均歩数は267歩多い一方で、公共交通利用者の平均滞在時間は26分短く、平均歩数は262歩多いことがわかる。富山駅周辺地区の特徴でもある富山駅という公共交通施設の存在により、中心商業地区よりも最寄りの公共交通結節点や駐車場から訪問目的地までの距離が長くなることが、平均歩数の多さに影響しているものと考えられる。

図5.9　交通手段別の平均滞在時間・平均歩数の比較(富山駅周辺地区)

　図5.10に交通手段別の滞在時間の度数分布を示している。中心市街地に2時間以上滞在している人は、自家用車で来街した人は26%であるのに対し、公共交通で来街した人は47%と約1.8倍となっている。つまり、これらの結果から、中心商業地区のみならず、地区特性の異なる富山駅周辺地区

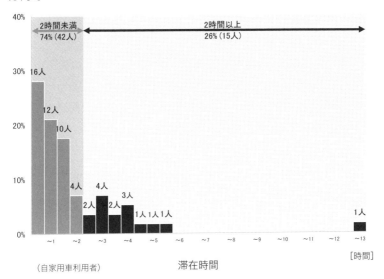

（自家用車利用者）　　　　　　滞在時間

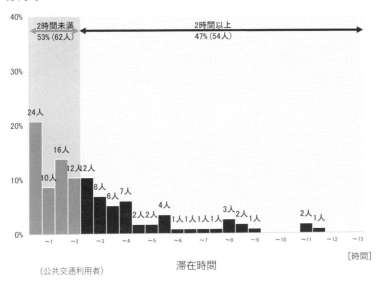

（公共交通利用者）　　　　　　滞在時間

図5.10　交通手段別の滞在時間の度数分布

でも、公共交通利用者が自家用車利用者よりも回遊することで、中心市街地に長く滞在していることがわかる。

　次いで、富山駅周辺地区における公共交通利用者と自家用車利用者の平均訪問箇所数や訪問先についても、中心商業地区と同様に比較してみると、図5.11に示す通り、平均訪問箇所数は自家用車利用者の2.32ヶ所に対し、公共交通利用者は2.78ヶ所と多くなっている。また、公共交通来街者の方が調査実施箇所の隣接商業施設（富山駅構内店舗・施設、マリエとやま・エスタ）以外の施設への訪問割合も高い。中心商業地区と同様、富山駅周辺地区においても、公共交通利用者のほうが、多くの訪問先を回遊していることが明らかになった。

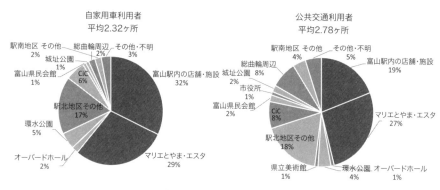

図5.11　富山駅周辺地区の訪問先の比較

　さらに、図5.12では富山駅周辺地区における交通手段別の回遊状況を示している。両者のサンプル数に違いはあるものの、回遊状況を可視化することで、公共交通で来街した人は、自家用車で来街した人よりも、富山駅の南北を広範囲に回遊していることが、視覚的に確認できる。

　このように、同一都市内の中心市街地において異なる地区特性をもつ中心商業地区と富山駅周辺地区の両地区ともに、公共交通を利用して来街することで、自家用車と比較して、平均滞在時間、平均歩数、平均訪問箇所数の値はいずれも高い値を示している。なお、これらの差は、単なる数字

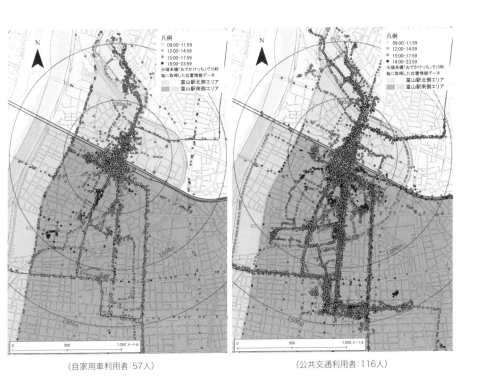

（自家用車利用者：57人）　　　　　　　　（公共交通利用者：116人）

図5.12　交通手段別の富山駅周辺地区の回遊状況：173人

上の差ではなく、自家用車と公共交通の2グループのデータの間で各指標の平均値の差に統計的な検定を行ったところ（3章のコラム参照）、有意差（有意水準1%）が認められることから、今回の調査を通じて、自家用車よりも公共交通の利用が中心市街地の賑わいと関係があることを統計的にも結論付けることができる。

5.3　高齢者に着目した滞在時間・歩数・訪問箇所数も 公共交通利用者が自家用車利用者を上回る

　5.2では、年齢を問わず全世代を対象に、回遊状況の実態について明らかにしたが、高齢化社会を見据え、特に65歳以上の高齢者に注目した場合、自家用車利用者と公共交通利用者の滞在時間・歩数・訪問箇所数には、どの程度の差があるのだろうか？そして、全世代を対象とした結果と高齢者を対象とした結果を比較した場合、差にどの程度の違いがあるのだろうか？

　そこで、全世代のサンプルから抽出した高齢者のサンプルを対象に、GPSにより取得した位置情報データとアンケート調査データを用いて自家用車利用者と公共交通利用者の滞在時間、歩数、訪問先・訪問箇所数を集計し、それぞれの地区で比較検証することで、今後増加が見込まれる元気に活動する高齢者のまちなか回遊という観点で、中心市街地の賑わいについて考察する。

①中心商業地区

　中心商業地区における、高齢者の交通手段別の平均滞在時間と平均歩数を図5.13に示している。公共交通利用の高齢者は自家用車利用の高齢者と比べて平均滞在時間（公共交通利用：206分、自家用車利用：76分）で約130分長く、平均歩数（公共交通利用：1,578歩、自家用車利用：807歩）で約771歩多い。また、この結果は、全世代を対象にした結果と比較すると、平均滞在時間の差は44分拡大し、平均歩数の差は126歩縮小している。このように、高齢者に限定しても、全世代と同様に、自家用車利用よりも公共交

通利用による来街が賑わいにつながっており、特に滞在時間の差が大きくなる傾向にあることが窺える。

図5.13　交通手段別の高齢者の平均滞在時間・平均歩数の比較

　では、公共交通利用と自家用車利用の高齢者との間で、平均訪問箇所数や訪問先に違いはみられるのだろうか？　図5.14に、中心商業地区での平均訪問箇所数・訪問先を示している。平均訪問箇所数は自家用車利用者の1.29ヶ所に対し、公共交通利用の高齢者は2.06ヶ所と多くなっていることがわかる。また、全世代の結果と比較すると、自家用車利用者では0.05ヶ所とわずかに少ない一方で、公共交通利用者では0.19ヶ所ほど多く、回遊状況に違いがあることを示している。そして、訪問先については、全世代と同様、公共交通での来街者の方が調査実施箇所の隣接商業施設（大和・フェリオ）以外の施設への訪問割合が高くなっている。つまり、公共交通利用の高齢者は、自家用車利用の高齢者と比較して、中心市街地の複数の訪問先を徒歩で回っており、その平均訪問箇所数の差は、全世代の差よりも大きいことが読み取れる。つまり、高齢者の公共交通による来街が、中心商業地区でのまちなか回遊を高めていると考えられる。

　ちなみに、全世代を対象にした場合と同様、自家用車と公共交通の2グループのデータの間で各指標の平均値の差に統計的な検定を行った。その結果、有意差（有意水準1%）が認められるため、統計的にも差があることを確認している。

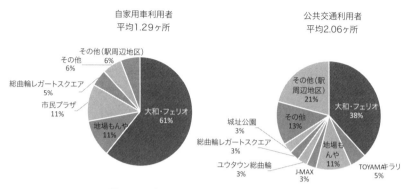

自家用車利用者
平均1.29ヶ所

公共交通利用者
平均2.06ヶ所

図5.14　高齢者による中心商業地区の訪問先

②富山駅周辺地区

　続いて、富山駅周辺地区についても、高齢者の交通手段別の平均滞在時間と平均歩数を図5.15に示している。公共交通利用の高齢者は自家用車利用の高齢者と比べて滞在時間（公共交通利用：147分、自家用車利用：53分）で約94分長く、歩数（公共交通利用：1,677歩、自家用車利用：919歩）で約758歩多い。また、この結果は、全世代の結果との比較により、平均滞在時間の差は52分ほど拡大し、平均歩数の差は252歩縮小している。つまり、全世代の結果や高齢者を対象にした中心商業地区での結果と同様に、自家用車利用よりも公共交通利用による来街がまちなか回遊を高めていることが窺える。なお、自家用車と公共交通の2グループのデータの間で各指標

図5.15　交通手段別の高齢者の平均滞在時間・平均歩数の比較

の平均値の差に統計的な検定を行った結果、歩数は有意差が認められなかったものの、滞在時間については有意差（有意水準5％）が認められ、統計的にも差があることを確認している。

　今度は、富山駅周辺地区での平均訪問箇所数・訪問先を図5.16に示している。平均訪問箇所数は自家用車利用者の1.50ヶ所に対し、公共交通利用の高齢者は2.65ヶ所と多くなっている。また、全世代と同様、公共交通での来街者の方が富山駅内の店舗・施設やマリエとやま・エスタ以外の施設への訪問割合が高くなっている。つまり、公共交通利用の高齢者は自家用車利用の高齢者よりも複数の訪問先を回遊しており、その平均訪問箇所数の差（1.15ヶ所）は、全世代の差（0.46ヶ所）よりも0.69ヶ所ほど大きい。

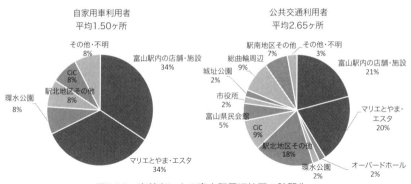

図5.16　高齢者による富山駅周辺地区の訪問先

　以上より、両地区を訪れる高齢者においても、公共交通利用者は自家用車利用者よりも平均滞在時間・平均歩数の値が大きいことを明らかにした。なお、統計学的検定を通じて、富山駅周辺地区での歩数を除き、公共交通利用者と自家用車利用者の間に有意差が認められることから、全世代・高齢者を問わず、来街者の公共交通アクセスが中心市街地に賑わいをもたらしていることが科学的に明らかになった。

5.4 公共交通利用者の消費金額は自家用車利用者より 1人・月あたり2,039円〜3,250円多い

　全世代・高齢者ともに、公共交通利用者は、自家用車利用者よりも中心市街地に長い時間滞在し、多くの訪問先を訪れ、そして、より多く歩くことで、まちなかの回遊性を高め、賑わいをもたらしていることを明らかにした。それでは、このような実態が、結果的に中心市街地での来街者の消費喚起につながっているのだろうか？ つまり、自家用車利用者と公共交通利用者の消費金額を比較した場合、公共交通利用者の消費金額は大きく、顕著な差がみられるのだろうか？

　そこで、アンケート調査により得られた、回答者の1人・来街1回あたりの消費金額に関する回答データと、中心市街地への訪問頻度に関する回答データを用いて、1人・月あたりの消費金額を中央値で比較した。なお、アンケートでは、同伴者が家族の場合には1家族単位の消費金額、友人等の場合は回答者単独の消費金額を尋ねているため、家族の場合は、6歳以下の子供を除く同伴者の人数で除することで算出した1人あたりの消費金額を用いている。また、自家用車利用者と公共交通利用者による消費金額の差異を明らかにするため、この比較に必要となる回答サンプル数を確保するべく、年齢による区分はせずに、全世代を対象として分析することとした。さらに、回答者に大きく依存した消費金額の外れ値や異常値が消費金額の差異に及ぼす影響をできる限り取り除くため、来街理由として非日常買物目的のみを選択したサンプルについては除外した上で、中央値により、1人・月あたりの消費金額を比較している。

①中心商業地区
　中心商業地区と富山駅周辺地区での交通手段別の消費金額を表5.3に示している。中心商業地区では、公共交通利用者の1人・月あたりの消費金額（公共交通利用：1万3,500円、自家用車利用：1万250円）が、中央値で3,250

円ほど高い。この中央値の差について、ウィルコクソンの順位和検定（コラム5を参照）を用いて統計的検定を行った結果、統計学的に有意差があるとまではいえなかったが、公共交通利用者の消費金額は自家用車利用者の消費金額と比較して、金額が大きいということが読み取れる。なお、統計的な有意差がみられなかった理由としては、商業施設による消費金額に応じた駐車料金サービスの影響（中心商業地区では、大和で2,000円以上の利用に対してグランドパーキングや指定駐車場での2時間の駐車料金無料サービスを実施）に加えて、購買行動自体が多様性・多面性を強く有していることが考えられる。例えば、日常性の強さ（日常と非日常）を分ける線をどこに置くのかは、一般的に判断が難しく、平日・休日や時期、同伴者の有無、心理状態、購入場所、購入内容などによって大きく変化し、当然のごとくその時点の消費行動（消費金額）にも影響するだろう。したがって、統計学的にも保証しうる結果を得るにあたっての今後の課題となるが、一定期間の消費金額を把握できる方法を採用する、あるいは、少なくとも今回の調査サンプル以上に大規模なサンプル数を取得するなど、本調査で採用したアンケートによるワンショットの把握方法と取得サンプルの規模を改善していくことが求められる。なお、日常の購買行動を表す個人情報として、POS（Point of Sales）データや交通系ICカードデータなどが挙げられるが、詳細な個人・属性情報と紐づけられたこれらのデータを将来的に活用することができれば、本調査で着目した交通手段をはじめとする移動履歴と、消費金額をはじめとする購買活動との関係が、より明確に科学的視点から検証できる可能性がある。

②富山駅周辺地区

　富山駅周辺地区についても同様に分析する。表5.3に示す通り、富山駅周辺地区でも、公共交通利用者の1人・月あたりの消費金額（公共交通利用：4,539円、自家用車利用：2,500円）が中央値で約2,039円高い。なお、この中央値の差は、ウィルコクソンの順位和検定（詳しくはコラム5を参照）を用

表5.3　交通手段別の中心商業地区と富山駅周辺地区での消費金額の比較

調査地区	交通手段	サンプル数	1人・月あたり消費金額（円） [中央値]	消費金額の差
中心商業地区	自家用車	58	10,250	3,250
	公共交通	33	13,500	
富山駅 周辺地区	自家用車	29	2,500	2,039*
	公共交通	52	4,539	

注）＊は、ウィルコクソンの順位和検定（コラム5を参照）で有意水準10％での統計的有意差があることを示している。

　いた統計的検定により、10％水準で統計学的に有意な差であることを確認している。

　富山駅周辺地区よりも中心商業地区の1人・月あたり消費金額の値が1万円程度高く、公共交通利用者と自家用車利用者の消費金額の差についても中心商業地区が1,000円程度高いことについては、いくつかの理由が考えられる。例えば、富山駅周辺地区では、昼食や軽食といった食事目的の来街者が比較的多いのに対して、中心商業地区では、夕食や宴会目的の来街者が比較的多い。このように、客単価の異なる食事目的の違いが、2地区の消費金額に差をもたらしている可能性がある。また、富山駅周辺地区には、環水公園や県立美術館など、あまりコストをかけずに一定時間を過ごすことのできる居心地の良い公共施設が複数存在していることも影響している可能性がある。さらに、商業施設に注目した場合、中心商業地区には、北陸・富山を代表する百貨店の富山大和・フェリオが立地しており、たとえ日常買物目的であっても、消費単価が高いことが推察される。

5.5 公共交通による来街が回遊性を高めている

　本章では、来街者の実際の移動ログとしての位置情報データと、アンケート調査データの併用による回遊行動分析を通じて、公共交通が中心市街地に賑わいをもたらしていることを明らかにした。特に、賑わいを判断する上で重要な要素である滞在時間、歩数、訪問箇所数については、中心商業地区と富山駅周辺地区の2地区ともに、公共交通利用と自家用車利用との間には、統計学的に有意な差があることを確認した。また、高齢者に対象を限定した分析を通じて、公共交通による来街が、元気に活動する高齢者のまちなかでの回遊性を高めていることも明らかにした。したがって、今回の調査結果は、自動車ではなく、公共交通をまちの中心に据えたまちづくりの動きが少しずつあらわれてきている全国の中心市街地において、そのような動きを積極的に後押しする科学的根拠になるものと考えている。また、統計学的に保証するほどの有意差を示すには至っていないものの、来街者の消費金額についても、公共交通利用による消費金額が、自家用車利用による消費金額を中央値ベースで最大3,250円ほど上回る結果からも分かるように、中心市街地での公共交通利用が消費喚起をもたらしている可能性が十分にあるといえる。

　来街者の単なる増加のみならず、エリア内での回遊行動を促進し、いかに来街者に楽しんでもらうか、そして、その中で、エリア内消費を増やしてもらうかということは、中心市街地の再生や活性化を考える上では重要な視点であり、多くの地方都市ではその対応に苦心している。そのような意味で、中心市街地の2地区の来街者の回遊実態を、位置情報データとアンケート調査データの併用による回遊行動分析を通じて検証した今回の結果は、中心市街地の賑わい創出において、中心市街地にアクセスする公共交通の果たす役割が極めて重要であるという、今後のまちづくりを進める上で重要なヒントを提供しているのではないだろうか。

　世の中のニーズや動向は、量から質の重視、集団から個人の重視にシフトしてきている。データ時代を迎え、中心市街地の再生や活性化にあたり、

個人単位のデータを詳細に分析することで来街者の回遊行動の実態をつかみ、ニーズや動向を反映した、効果的な公共交通主体のまちづくりを展開していく必要がある。少なくとも、賑わいをもたらすための特効薬として、1人でも多くの中心市街地関係者が、自家用車によるアクセス向上という間違った選択を安易にしないように、科学的根拠に基づいた社会的通念を早急に醸成していくことが急務といえよう。

ウィルコクソンの順位和検定

　サンプルサイズ（本書の場合、対象者数）が少なく得られたデータに正規性を仮定できない場合、比較する両者のサンプルの抽出元の集団における代表値（中央値）の差が等しいという帰無仮説を統計的に検定する。

　本書においては、対立仮説は「自家用車利用者と公共交通利用者の間で、1人・月あたり消費金額（円）に差がある」として検定を実施している。なお、観測値の大小を順位に置き換えて検定するため、外れ値の影響を受けにくいという利点がある。

参考文献
1)例えば、竹鼻幹房「コインパーキング化する繁華街　競争社会が国策なら再生困難」『エコノミスト』91 (4)、pp.82-83、2013.1
2)例えば、宗田好史『中心市街地の創造力』学芸出版社、2007.12、香川太郎・藤井聡「商店街における来訪手段と出費金額の関係についての実証分析〜自由ヶ丘商店街における自動車来訪者と非自動車来訪者別の消費行動分析〜」『土木計画学研究・論文集』25(2)、pp.293-298、2008.9

おわりに

― 公共交通の利用促進は医療費を抑制し、中心市街地を活性化する ―

　一見、あまり関係なさそうにも思える公共交通と人々の健康、公共交通とまちの活性化。これらが実は非常に密接に関係しているということを、本書では、各章における分析から定量的に明らかにしてきた。

　具体的には、公共交通の利用促進ならびに中心市街地の活性化を目的として富山市で実施している高齢者を対象として公共交通運賃を割り引く「おでかけ定期券」事業について、その定期券所有者と非所有者とで比較すると、定期券所有者の方が、日常生活における歩数が一日平均約300歩多く、さらには、中心市街地での滞在時間が一月あたり約80分長くなっていることを明らかにした。そして、単におでかけ定期券を所有しているだけでなく、実際に利用している方々の方が、より顕著に上記のような傾向が顕れ、日常生活における歩数が一日平均約770歩多く、加齢による歩数の減少幅も小さくなっており、よりたくさん歩き続けておられることを明らかにした。また、中心商業地区ならびに富山駅周辺を訪れた方の消費金額を自動車で来街された方と公共交通で来街された方とで比較すると、公共交通で来街された方の消費金額が一月あたり約2,000円〜3,000円高くなっていることを明らかにした。

　さらに、実際の医療保険データを用いた分析によって、おでかけ定期券事業による医療費抑制効果が年間約7.9億円発生しているとの結果が得られた。おでかけ定期券により、公共交通の利用が促進され、さらには、中心市街地を訪れる機会が増え、長い時間を中心市街地で過ごすようになり、日常生活における歩数が増加し、そのことが高齢者の健康増進につながっていると考えられる。このように公共交通の利用促進は、医療費に対する

社会負担の軽減やまちの活性化に寄与し、高齢者のみならず、社会全体に
とっても、非常に意義の大きいものであるといえる。

　また、本書の分析においては、富山市の高齢者の方々にご協力をいただ
いて、2時点において、専用の端末機（おでかけっち）を用いた交通行動調
査を実施した。調査の際に実施したアンケート結果からは、こうした調査
自体が高齢者の交通行動に影響を及ぼす可能性があることも明らかになっ
ており、こうした点もたいへん興味深い結果であるといえる。

　以上の分析結果から、公共交通は人とまちを元気にするポテンシャルを充
分もっているといえ、読者の皆さんも、まちづくりにおける公共交通が有す
る非常に重要かつ大きな役割をご理解いただけたのではないかと考えている。

　しかし、2019年末から世界各国で猛威を振るっている新型コロナウィル
スの感染リスクへの懸念から、本書を執筆している2021年4月現在におい
ても、世界中の多くの方々は、中心市街地や繁華街において人々が過度に
集中することに対して不安を抱いておられるのも事実であろう。特に、高
齢者の方々は感染した場合、重症化するリスクが高いといわれており、よ
り慎重に行動されている。また、公共交通に対しても、事業者の方々は、
さまざまな感染対策を講じておられるものの、不特定多数の人々が集まる
ことに対する懸念から、公共交通の利用そのものや、混雑する時間帯の利
用を控えるなどの対応を取られている方も多くおられる。そうしたなか、
公共交通利用者が激減し、公共交通事業者の方々は、日々の公共交通の運
行に大変なご苦労をしておられ、事業の継続が困難となる事業者が現れて
も何ら不思議ではない状況である。

　このように、本来、人とまちを元気にする力を持っている公共交通が、
残念ながら、その実力を十分発揮できていないのが昨今の状況であるとい
える。一方で、感染リスクを考慮するあまり、過度に外出を控えることに
よる健康への影響も指摘されているのも事実である。

　筆者らは感染症対策の専門家ではなく、新型コロナ感染症に対する対応
方策を持ち合わせているわけではないが、いつまでもこのような状況が続
くとは考えられず、近い将来、新型コロナウィルスの脅威が取り除かれる

日が来ることを信じている。そうなったときに、すなわち、ポストコロナの時代において、人とまちを元気にする力を持っている公共交通が新型コロナウィルス感染症によってなくなってしまっていては、取り返しがつかないことになる。現在の我々にできることは、少しでも多くの公共交通事業者が事業を継続できるよう支援することではないだろうか。

　そして、新型コロナウィルスの脅威が去ったポストコロナの時代におけるまちづくりのあり方について、十分な議論をしておくことも重要であると考える。ポストコロナの時代において、これまでのように、人とまちを元気にする公共交通の力が発揮できる世の中になったとしても、ただ単に公共交通サービスを拡充すれば良いということではない。本書で述べてきた公共交通がもつ力を上手に活かしたまちづくりが求められているのである。

　本書において繰り返し述べてきたように、公共交通サービスを充実し、その利用を促進することは、高齢者の健康増進やまちの活性化にとってたいへん重要であるが、その際の大原則は

提供される公共交通サービスの価値 ＞ 公共交通運賃

なのである。

　わが国においては、ほとんどみられないが、諸外国においては、ルクセンブルクやエストニアのタリン、フランスのオーバーニューなど公共交通の運賃が無料となっている都市もいくつかみられる。しかし、いくら「タダ」だからと言っても、常にどのトラムやバスも満員というわけではない。利用者にとって、提供される公共交通サービスの価値が「ゼロ」より大きくなければ、いくら運賃がタダでも、わざわざ貴重な時間を費やしてまで利用されないのは当然のことである。逆に、提供されるサービスの価値が高ければ、運賃が「ゼロ」でなくても公共交通は利用されるのである。

　そのためには、ごく当たり前の話ではあるが、利用者が求めているサービスを提供することが極めて重要であり、その最も基礎となるのが、公共

交通サービスにおいては、ネットワークとダイヤである。富山市において、おでかけ定期券事業により高齢者が中心市街地を訪れるようになったのも、充実した公共交通サービスが提供されていたからである。

　しかし、提供されるサービスの価値が高い公共交通となるためには、公共交通の利便性を高め充実した公共交通サービスを提供するだけでは残念ながら不十分である。なぜならば、「移動」という行動は、移動そのものが目的である本源的需要である場合は少なく、その多くは、移動すること自体が目的ではなく、本来の目的を達成するために発生する派生的需要であるからである。従って、まちのなかで移動が発生するためには、その目的地となるべき魅力ある場所やエリアが必要不可欠となる。そして、それらの場所と場所の間やエリアのなかを、さらには、エリアとエリアの間を、歩いて、あるいは、少し歩くには距離がある場合は、公共交通を気軽に利用して、自由に回遊できる、そういったまちをつくっていくことが重要なのである。こうした交通とまちづくりの関係を理解した上で、1章でも述べたように、富山市では中心市街地の活性化に積極的に取り組んできたのである。

　これまでにも、様々な形でその重要性が指摘されてきた、まちづくりと公共交通の連携が成功した一つの例が富山市の政策なのである。そして、こうしたまちづくりと公共交通とが連携した取り組みが高齢者の健康増進やまちの活性化にも寄与していることを定量的に示したのが本書である。逆に言えば、まちづくりと公共交通の連携が成功していなければ、高齢者の健康増進やまちの活性化につながってはいなかったであろう。

　こうした富山市における成功の背景をよく理解していただいた上で、今後のまちづくり、あるいは、公共交通の利用促進、さらには両者の連携に取り組んでいただけることを祈念して本書を締め括りたい。

著者略歴

松中亮治（まつなか　りょうじ）
京都大学大学院工学研究科准教授。博士（工学）。専門は、都市・地域計画、交通計画。著書に『世界のコンパクトシティ』（共著、学芸出版社）、『図説都市地域計画』（共著、丸善）、『TRANSPORT POLICY AND FUNDING』（共著、ELSEVIER）など。（はじめに、1章、3章、4章、おわりに）

大庭哲治（おおば　てつはる）
京都大学大学院経営管理研究部准教授・工学研究科准教授。博士（工学）。専門は、都市・地域計画、都市再生・保全。著書に『いま、都市をつくる仕事』（共著、学芸出版社）、『Preservation and the New Data Landscape』（共著、Columbia University Press）など。（5章）

後藤正明（ごとう　まさあき）
株式会社シティプランニング代表取締役。建設コンサルタント、技術士（建設部門・都市及び地方計画）、京都大学工学部交通土木工学科卒業、宇治市都市計画審議会専門委員（令和2～3年度）。（2章）

鈴木義康（すずき　よしやす）
株式会社日建設計総合研究所・理事。博士（工学）、技術士（建設部門、総合技術監理部門）。神戸大学産官学連携本部客員教授。専門は、都市計画・まちづくり。近年はデータ利活用型スマートシティ、都市イノベーション分野の業務に従事。（2章）

辻堂史子（つじどう　ふみこ）
株式会社シティプランニング取締役、建設コンサルタント、技術士（建設部門・都市及び地方計画）、大阪大学COデザインセンター非常勤講師。（2章）

鎌田佑太郎（かまだ　ゆうたろう）
株式会社電力計算センター技術営業本部解析技術室応用開発部。京都大学大学院都市社会工学専攻博士後期課程研究指導認定退学。元京都大学大学院工学研究科都市地域計画研究室所属。（3章、4章）

土生健太郎（はぶ　けんたろう）
株式会社毎日放送総合技術局制作技術センターネット＆テクニカルデザイン担当。京都大学大学院都市社会工学専攻修了。神戸大学海事科学部グローバル輸送科学科卒業。元京都大学大学院工学研究科都市地域計画研究室所属。（5章）

公共交通が人とまちを元気にする
数字で読みとく! 富山市のコンパクトシティ戦略

2021年6月15日　第1版第1刷発行

編著者	松中亮治
著者	大庭哲治・後藤正明・鈴木義康・辻堂史子・鎌田佑太郎・土生健太郎
発行者	前田裕資
発行所	株式会社 学芸出版社
	〒600-8216 京都市下京区木津屋橋通西洞院東入
	電話 075-343-0811
	http://www.gakugei-pub.jp/　info@gakugei-pub.jp
編集担当	岩崎健一郎
デザイン	鷺草デザイン事務所　中島佳那子
印刷	イチダ写真製版
製本	新生製本